Write on Your Heart

쓰면서 새기는 영어

당신의 손끝에서 만나는 인생 잠언 Proverbs

For ～～～～～～～～～～～～～～～

Prologue

『쓰면서 새기는 영어 지혜의 책장』은 지혜에서부터 근면함/성실함, 현숙함/신중함, 말의 신중함, 이웃 사랑, 겸손함, 친구 사귐/베풀기, 가정 교육, 마음 다스리기까지 인생을 살아가는 데 꼭 필요한 열 개의 테마에 속하는 성경 구절을 영어로 쓰고 마음에 새길 수 있도록 합니다. 나이와 성별, 직업, 종교에 상관없이 누구나 성경이 주는 교훈과 감동을 누리고 배울 수 있도록 모두가 공감할 수 있는 구절로 준비했습니다.

성경을 누가, 왜 읽나요?

성경을 수식하는 문장은 셀 수 없이 많습니다. 현재까지 전 세계적으로 약 5억 권이 팔렸으며 종교적인 가치를 떠나 성경의 문학적, 역사적인 가치의 우수성 역시 증명된 사실입니다. 무엇보다 솔로몬의 지혜의 문장들을 모아둔 잠언(Proverbs)은 쉽고 간결하지만 정수를 찌르는 문장들로 반드시 읽어야 하는 필수 책으로 잘 알려져 있습니다.

왜 KJV(King James Version)인가요?

영어로 번역된 성경에는 수많은 판본이 있지만 이 책에 쓰인 킹 제임스 성경은 잉글랜드와 스코틀랜드, 그리고 아일랜드 왕국의 국왕이었던 제임스 16세의 명으로 번역되어 1611년에 발간된 성경으로 번역의 높은 품질과, 뛰어난 읽힘성, 장엄하고 유려한 문체로 유명합니다.

다음은 영국 영어의 정통성과 우수성을 설파한 『영국 영어 이렇게 다르다』에서 발췌한 내용입니다.

"성경의 수많은 번역본 가운데 킹 제임스 성경은 영국뿐 아니라 미국에서 가장 많이 읽힌다."

"킹 제임스 성경은 종교 영역뿐 아니라 문학 및 언어 분야에서도 한 획을 그었다. 언뜻 킹 제임스 성경을 단순히 기독교와 관련된 종교서라고만 생각할 수 있는데, 사실 이 성경은 영어의 역사에서 주춧돌 같은 역할을 했다."

"독자들의 수준과 필요에 맞추기 위해 심지어 슬랭까지 쓰는 현대 버전들과 비교할 때 킹 제임스 성경이 구식처럼 보이는 건 사실이다. 하지만 현대 독자들이 어려워할 거라는 이유로 만약 셰익스피어의 작품을 요즘 사람들이 쓰는 말로 바꾼다면 과연 셰익스피어 본연의 가치가 남아 있다고 할 수 있을까?"

킹제임스 성경에는 우리에게 익숙하지 않은 고어가 자주 등장합니다. 『쓰면서 새기는 영어 지혜의 책장』에서는 고어를 쉽게 이해할 수 있도록 설명을 덧붙였으며 '쓰기' 부분에서는 쉬운 영어로 써 볼 수 있도록 문장을 새롭게 구성했습니다. 이제 『쓰면서 새기는 영어 지혜의 책장』과 함께 영어 본연의 정취를 마음껏 느껴보세요.

A thorough knowledge of the Bible
is worth more than a college education.
Theodore Roosevelt

성경에 대한 철저한 지식은 대학 교육보다 더 가치가 있다.
시어도어 루스벨트(제 26대 미국 대통령)

Social Media & Audio Clip

▶ YouTube

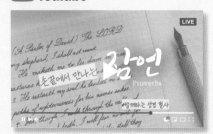

하루에 한 문장씩 써 보는 루틴을 만들기엔 유튜브 영상만큼 좋은 친구도 없지요! 영상을 보며 음원도 듣고, 직접 손으로 따라 써 보는 일련의 과정이 습관이 되는 거예요.

Instagram

피드에 올라온 사진과 함께
아름다운 문장을 마음껏 향유해 보아요.
나만의 느낌을 더해 사진으로 찍은,
세상에 하나뿐인 문장을 평생 소장할 수 있다니!

🎧 MP3 다운로드

1. www.sdedu.co.kr에 들어가서 상단 바의 '학습 자료실 → MP3'를 클릭
2. 클릭 후 들어간 페이지에서 '쓰면서 새기는 영어' 검색 후 파일 다운로드

★ 유튜브, 인스타그램은 순차적으로 업로드될 예정입니다.

Write on Your Heart

🎧 38

Hatred stirreth up strifes:
but love covereth all sins.

미움은 다툼들을 일으키되
사랑은 모든 죄를 덮느니라.

1. 오늘의 지혜 테마를 골라 보세요.
   총 10가지의 지혜 테마로 나누어 잠언 속 인생 문장을 수록했어요.

2. 집을 나설 땐 좋아하는 펜과 함께 가방에 넣어요.
   어디를 가든 가볍게 꺼내어 읽거나 쓰면서 오늘의 지혜의 선물을 발견할
   수 있도록요.

3. 손으로 적어 보고 소리 내어 읽으며 자신만의 문장으로 깊이 새겨 보세요.
   필사 후 MP3 음성을 들으며 깊은 의미를 되새겨 보도록 해요. MP3 음성
   을 들어가며 의미 단위로, 문장 단위로 말하기 연습을 하면서 입술로 마음
   으로 함께 익히는 것도 좋아요.

4. 마음에 다가오는 문장들을 골라 나만의 공간을 꾸며 보세요.
   절취선을 따라서 오려 내면 엽서처럼 붙여 놓고 언제든 볼 수 있거든요.

5. 좋아하는 사람들과 함께 감동되는 문구와 생각을 나눠 보세요.
   The more, the merrier! 아름다운 지혜의 문장은 힘이 있답니다.

Proverbs 10:12

Write on Your Heart

❶ 오늘의 문장마다 하나씩 배울 점을 알아보는 체크 포인트예요.

❷ 체크 포인트에 대한 설명과 함께 문장 속 문구 및 어휘가 내포하는 의미에 대한 코멘트로 이해가 풍성해지도록 돕고 있어요.

❸ 예문을 통해 체크 포인트를 확실하게 익혀보세요.

❹ 문장에 쓰인 고어를 이해해요.

❺ 위에서 배운 내용을 토대로 고어가 쓰인 원전의 문장을 쉬운 문장으로 이해해요.

❻ 이제 문장을 손으로 직접 써 보면서 익히도록 해요. 먼저 의미 단위로 문구를 천천히 써 보며 문장을 이해하도록 해요.

---

❶ strife 갈등, 문제

❷ strife의 동의어로는 conflict(갈등)가 있으며, 동사형 strive는 '분투하다, 노력하다'라는 뜻을 나타냅니다.
• hatred (n.) 증오, 혐오, 미움 / love covers all sins: 문맥상 '사랑은 상대방의 허물을 덮어준다'는 의미로 이해할 수 있음

❸ Through strife the slumbering soul awakes, We learn on error's troubled route...
갈등을 통해 잠자던 혼이 깨어나고 우리는 실수의 험난한 길 위에서 깨우침을 얻는다. (앨라 휠러 윌콕스)

❹ 고어 이해하기
stirreth: stirs / covereth: covers

❺ 쉬운 문장으로 익히기
Hatred stirs up strifes(미움은 다툼들을 일으킨다), but love covers all sins(하지만 사랑은 모든 죄를 덮는다).

❻ • 쓰기
Hatred stirs up strifes.
but love covers all sins.

❼ • 새기기

❼ 그 다음엔 문장 단위로 의미를 깊이 생각하면서 손으로 익히고 마음에 새겨보는 거예요. 그런 후 다시 한 번 원전의 문장을 보고 의미를 되새기며 나의 삶의 지혜로 적용해 보세요.

하나의 테마를 마치고 나면 빈칸 채우기를 할 수 있는 깜짝 퀴즈가 나와요.

문구와 의미에 대한 기억을 되살리도록 도와줄 거예요.

• 되새기기

1. (   ) from them to whom it is due, when it is in the power of your hand to do it.

네 손 안에 선을 베풀 힘이 있거든 마땅히 그것을 받을 자들에게 선 베풀기를 금하지 말며.

2. (   ) against your neighbor, seeing he dwells securely by you.

네 이웃이 네 곁에서 안전히 거하는 것을 보거든 그를 해하려고 악을 꾀하지 말라.

3. (   ), but love covers all sins.

미움은 다툼들을 일으키되 사랑은 모든 죄를 덮느니라.

4. He that (   ) despises his neighbor, but a man of understanding holds his peace.

지혜가 없는 자는 자기 이웃을 멸시하나 명철한 자는 잠잠하느니라.

116

...s, but he that has mercy on

베푸는 자는 행복하니라.

...spreads a net for his feet.

          ), and if he is thirsty, (   ).

네 원수가 주리거든 그에게 빵을 주어 먹게 하고 그가 목마르거든 그에게 물을 주어 마시게 하라.

각 퀴즈의 정답을 맞춰 본 후 남는 공간에 다시 한 번 문장 또는 나만의 키워드를 써 보며 정리하는 것도 좋아요.

정답 1. Do not withhold good 2. Do not devise evil 3. Hatred stirs up strifes 4. is void of wisdom 5. despises his neighbor 6. flatters his neighbor 7. give him bread to eat / give him water to drink

117

Contents

예시	필사 날짜	01/02	나의 다짐 문구	
	나만의 키워드	wisdom		

06 이웃 사랑

/	/	/	/	/	/	/

07 겸손함

/	/	/	/	/	/	/

08 친구 사귐, 베풀기

/	/	/	/	/	/	/

09 가정 교육

/	/	/	/	/	/	/

10 마음 다스리기

/	/	/	/	/	/	/

1

지혜

Happy is the man that findeth wisdom, and the man that getteth understanding.

Happy is the man that findeth wisdom, and the man that getteth understanding.

지혜를 찾는 자와 명철을 얻는 자는 행복하니.

Proverbs 3:13

wisdom 지혜, 슬기, 현명함

한국어로는 '사랑니'라고 부르는 어금니를 영어로는 wisdom tooth라고 해요. 사랑니는 일반적으로 사람이 성숙해지는 성인기에 들어서면서 생기는 치아이기 때문에 '지혜의 치아'로 불리운답니다.

＊ 본 문장은 보어 강조를 위한 도치 문장으로 '보어 + 동사 + 주어'의 어순으로 쓰임

e.g. Silence is the sleep that nourishes wisdom.

침묵은 지혜에 영양분을 공급하는 잠이다. (프랜시스 베이컨)

고어 이해하기 findeth: finds / getteth: gets

쉬운 문장으로 익히기

Happy is the man(그 사람은 행복하다) that finds wisdom(지혜를 찾는 자는), and the man that gets understanding(그리고 명철을 얻는 자는).

• 쓰기

Happy is the man

that finds wisdom,

and the man that gets understanding.

• 새기기

The wise shall inherit glory: but shame shall be the promotion of fools.

지혜로운 자는 영광을 상속받되
어리석은 자가 높여지는 것은 수치가 되리로다.

Proverbs 3:35

glory 영광, 영예

나팔은 영광스러운 자리를 드높이 알리기 위해 사용되던 악기의 일종이기 때문에 그 모양을 닮은 나팔꽃을 영어로 morning glory라고 한답니다.

＊ the + 형용사 ~한 사람(들) / inherit (v.) 상속받다 / shame (n.) 수치심 / promotion (n.) 승격. 높아짐

e.g. There is no road of flowers leading to glory.

영광에 이르는 꽃길은 없다. (장 드 라 퐁텐)

문장 익히기

The wise(지혜로운 자는) shall inherit glory(영광을 상속받을 것이다), but shame shall be(하지만 수치가 될 것이다) the promotion of fools(어리석은 자가 높여지는 것은).

● 쓰기

The wise

shall inherit glory,

but shame shall be

the promotion of fools.

● 새기기

For the commandment is a lamp; and the law is light; and reproofs of instruction are the way of life.

그 명령은 등불이요,
그 법은 빛이며 훈계하는 책망들은 생명의 길이니라.

Proverbs 6:23

reproof 책망, 나무람, 꾸지람

비슷한 의미를 가진 **rebuke**(꾸중. 질타)와 **reprimand**(견책. 질책)와는 다르게 **reproof**는 종종 잘못을 바로 잡아 주려는 친절하고 부드러운 의도를 나타냅니다.

* commandment (n.) (특히 십계명 중 한) 계명 / instruction (n.) 훈계. 지시 (사항)

e.g. It could be a sign of pride in your life if a word of reproof or admonition is not able to be received with the same grace.

책망이나 훈계의 말을 같은 은혜로 받지 못한다면 그것은 삶에 대한 교만의 표시일 수 있다. (존 번연)

문장 익히기

For the commandment is a lamp(그 명령은 등불이다), and the law is light(그리고 그 법은 빛이다), and reproofs of instruction(그리고 훈계하는 책망들은) are the way of life(생명의 길이다).

• 쓰기

For the commandment is a lamp,

and the law is light,

and reproofs of instruction

are the way of life.

• 새기기

In the mouth of the foolish is a rod of pride: but the lips of the wise shall preserve them.

어리석은 자의 입에는 교만의 막대기가 있으나
지혜로운 자들의 입술은 그들을 보존하리로다.

Proverbs 14:3

preserve 지키다, 보존하다

pre(미리) + serve(지키다)의 어원으로 구성된 단어 **preserve**는 '손상될 수 있는 어떤 것을 미리 보호하고 보존·유지하다'라는 의미로 쓰입니다.

* rod (n.) 막대 / pride (n.) 자부심, 자만 (**is a rod of pride**: 문맥상 '교만한 말에는 결과가 따른다'라는 의미로 이해할 수 있음)

e.g. If the highest aim of a captain were to preserve his ship, he would keep it in port forever.

선장의 최고 목표가 배를 보존하는 것이라면 그는 그 배를 영원히 항구에 묶어 둬야 할 것이다. (토마스 아퀴나스)

문장 익히기

In the mouth of the foolish(어리석은 자들의 입에는), is a rod of pride(교만의 막대기가 있다), but the lips of the wise(하지만 지혜로운 자들의 입술은) shall preserve them(그들을 보존한다).

• 쓰기

In the mouth of the foolish

is a rod of pride.

but the lips of the wise

shall preserve them.

• 새기기

They are all plain to him that understandeth, and right to them that find knowledge.

깨닫는 자에게는 그것들이 다 명백하며
지식을 얻는 자들에게는 올바르도다.

Proverbs 8:9

plain 분명한, 숨김없는, 있는 그대로의

널리 알려진 플레인 요거트는 아무것도 첨가되지 않은 요거트를 뜻합니다. 이와 같이 **plain**은 '평이한, 단순한, 꾸밈없는'과 같이 본모습 그대로를 의미합니다.

* 본 문장은 '지혜의 가치와 유익을 명철이 있는 자는 명백히 알며, 지식이 있는 자는 올바르게 여긴다'는 의미로 빗대어 이해할 수 있음 (잠언 8장에서는 의인화된 지혜가 등장하며, 본 문장 앞에 쓰인 they는 잠언의 맥락에서 '지혜의 가치와 유익(능력·본질)'으로 생각해 볼 수 있음)

e.g. There are no tricks in plain and simple faith.
　　　명백하고 단순한 믿음에는 속임수가 없다. (줄리어스 시저, 윌리엄 셰익스피어)

고어 이해하기 understandeth: understands

쉬운 문장으로 익히기
They are all plain(그것들은 다 명백하다) to him that understands(깨닫는 자에게는), and right(그리고 올바르다) to them that find knowledge(지식을 얻는 자들에게는).

• 쓰기

They are all plain
to him that understands,
and right
to them that find knowledge.

• 새기기

21

I wisdom dwell with prudence, and find out knowledge of witty inventions.

나 지혜는 분별과 함께 거하며
재치 있는 창안물들에 대한 지식을 찾아내나니.

Proverbs 8:12

witty 재치 있는, 기지 있는

wit는 동사형으로 '알다', 명사형으로는 '기지', '지혜 있는 사람'이라는 의미를 가진 어원이에요. 이 어원에서 파생된 단어인 witty는 '똑똑한 방식으로 재미있다'는 의미를 내포하고 있어요.

* dwell with ~와 함께 살다(거하다) / prudence (n.) 사리 분별, 신중 / invention (n.) 발명(품)

e.g. Better a witty fool than a foolish wit.

　　재치 있는 바보가 바보 같은 재주꾼보다는 나은 법. (십이야, 윌리엄 셰익스피어)

문장 익히기

I wisdom(나 지혜는) dwell with prudence(분별과 함께 거한다), and find out knowledge(그리고 지식을 찾아낸다) of witty inventions(재치 있는 창안물들에 대해).

• 쓰기

I wisdom

dwell with prudence,

and find out knowledge

of witty inventions.

• 새기기

Give instruction to a wise man, and he will be yet wiser: teach a just man, and he will increase in learning.

지혜로운 자에게 훈계를 주라.
그러면 그가 더욱 지혜롭게 되리라.
의로운 자를 가르치라. 그러면 그의 학식이 더하리라.

Proverbs 9:9

just 의로운, 공정한

just는 '올바른, 정의(justice), 법(law)'의 뜻을 내포하고 있는 라틴어에서 유래하였습니다. 본 문장에서와 같이 형용사로 사용될 뿐만 아니라 '단지, 그저, 정확히'라는 뜻의 부사로도 널리 사용되고 있어요.

* yet + 비교급 훨씬 더 ~한 / increase (v.) 증가하다, 늘다 / learning (n.) 학습, 학식

e.g. Only the just man enjoys peace of mind.
정의로운 사람만이 마음의 평화를 누린다.

문장 익히기

Give instruction to a wise man(지혜로운 자에게 훈계를 주라), and he will be yet wiser(그러면 그가 더욱 지혜롭게 될 것이다), teach a just man(의로운 자를 가르쳐라), and he will increase in learning(그러면 그의 학식이 더할 것이다).

● 쓰기

Give instruction to a wise man,

and he will be yet wiser,

teach a just man,

and he will increase in learning.

● 새기기

- **되새기기**

1. Happy is the man that (   ), and the man that gets

understanding.

지혜를 찾는 자와 명철을 얻는 자는 행복하니.

2. The wise shall (   ), but shame shall be the promotion

of fools.

지혜로운 자는 영광을 상속받되 어리석은 자가 높여지는 것은 수치가 되리로다.

3. For the commandment is a lamp, and the law is light,

and (   ) are the way of life.

그 명령은 등불이요, 그 법은 빛이며 훈계하는 책망들은 생명의 길이니라.

4. In the mouth of the foolish is a rod of pride, but the lips of the wise

shall (   ).

어리석은 자의 입에는 교만의 막대기가 있으나 지혜로운 자들의 입술은 그들을 보존하리로다.

5. They are (   ) to him that understands, and right to

them that find knowledge.

깨닫는 자에게는 그것들이 다 명백하며 지식을 얻는 자들에게는 올바르도다.

6. I wisdom dwell with prudence, and find out (   ).

나 지혜는 분별과 함께 거하며 재치 있는 창안물들에 대한 지식을 찾아내나니.

7. Give instruction to a wise man, and he will be yet wiser,

(   ), and he will increase in learning.

지혜로운 자에게 훈계를 주라. 그러면 그가 더욱 지혜롭게 되리라. 의로운 자를 가르치라. 그러면

그의 학식이 더하리라.

정답 1. finds wisdom 2. inherit glory 3. reproofs of instruction 4. preserve them 5. all plain
6. knowledge of witty inventions 7. teach a just man

2

근면함, 성실함

Go to the ant, thou sluggard; consider her ways, and be wise.

Go to the ant, thou sluggard; consider her ways, and be wise.

너 게으른 자여, 개미에게 가서
개미의 길들을 깊이 살펴보고 지혜를 얻으라.

Proverbs 6:6

sluggard 나태한 사람

sluggard는 동작이 굼뜬 사람을 뜻하는 말로 '늘보, 게으름쟁이'와 같은 뜻을 가지고 있습니다. 민달팽이를 뜻하는 slug에서 유래되었다고 해요.

* consider (v.) 사려·숙고하다 / way (n.) 방식, 태도, 길 (consider her ways: 문맥상 '부지런한 개미의 삶의 방식과 태도를 보고 지혜를 얻으라'는 의미로 이해할 수 있음)

e.g. Up, sluggard, and waste not life; in the grave will be sleeping enough.
　　게으른 자여 일어나 인생을 낭비하지 말기를. 잠은 죽은 후에 충분히 잘 수 있을 테니. (벤자민 프랭클린)

고어 이해하기 thou: you(주격)

쉬운 문장으로 익히기
Go to the ant(개미에게 가라), you sluggard(이 게으른 자야), consider her ways(개미의 길들을 깊이 살펴라), and be wise(그리고 지혜롭게 되어라).

● **쓰기**

Go to the ant,

you sluggard,

consider her ways,

and be wise.

● **새기기**

9

How long wilt thou sleep, O sluggard? When wilt thou arise out of thy sleep?

오 게으른 자여, 네가 어느 때까지 자려느냐?
네가 어느 때에 잠에서 일어나려느냐?

Proverbs 6:9

arise out of ~에서 일어나다, ~로부터 나오다(생기다)

arise는 '(자리에서·잠자리에서) 일어나다. (일·사건 등이) 일어나다. 발생하다' 등의 의미를 지니고 있습니다. 본 문장에서는 전치사구와 결합하여 arise out of(잠에서 깨다, 잠자리에서 일어나다)로 쓰였습니다. 참고로 arise from(~에서 발생하다, ~이 원인이다)도 자주 사용되니 함께 익혀 두면 좋아요.

e.g. Novels arise out of the shortcomings of history.
소설은 역사의 결점으로부터 나온다. (A.S. 바이엇)

고어 이해하기 wilt: will / thou: you(주격) / thy: your

쉬운 문장으로 익히기
How long will you sleep(언제까지 잘 것이냐), O sluggard(이 게으른 자야)? When will you arise(언제 일어날 것이냐) out of your sleep(잠에서 깨어)?

• 쓰기

How long will you sleep.

O sluggard?

When will you arise

out of your sleep?

• 새기기

33

He becometh poor that dealeth with a slack hand: but the hand of the diligent maketh rich.

손을 느리게 놀리는 자는 가난하게 되나
부지런한 자의 손은 부하게 만드느니라.

Proverbs 10:4

slack hand 손이 느린 자

slack(느슨한. 늘어진. 처진)과 hand(손)가 함께 쓰여 '부주의하고 엉성하게 일을 처리하는 사람(의 손).
(손이) 게으른 자'를 의미합니다.

* deal with ~을 다루다 / diligent (a.) 근면한. 성실한

e.g. ...Yet a slack hand shows weakness, and a tight hand strength.
　　　손이 느린 사람은 약함을, 손이 바쁜 사람은 힘을 나타낸다. (토마스 벅스턴)

고어 이해하기 becometh: becomes / dealeth: deals / maketh: makes

쉬운 문장으로 익히기

He becomes poor(그는 가난하게 된다) that deals with a slack hand(손을 느리게 놀리는 자는),
but the hand of the diligent(그러나 부지런한 자의 손은) makes rich(부하게 만든다).

• **쓰기**

He becomes poor

that deals with a slack hand,

but the hand of the diligent

makes rich.

• **새기기**

11

He that gathereth in summer is a wise son: but he that sleepeth in harvest is a son that causeth shame.

여름에 거두는 자는 지혜로운 아들이나
수확 때에 잠자는 자는 수치를 끼치는 아들이니라.

Proverbs 10:5

cause ~을 야기하다, 초래하다

cause가 명사로 쓰일 땐 '원인, 이유'를 뜻하며, 동사로 쓰일 땐 '가져오다, 일으키다'라는 뜻을 나타냅니다.
* harvest (n.) 수확

e.g. Some cause happiness wherever they go; others whenever they go.

어떤 이들은 어디를 가든지 행복을 가져오지만, 다른 이들은 그들이 떠나야만 행복이 생겨난다. (오스카 와일드)

고어 이해하기 gathereth: gathers / sleepeth: sleeps / causeth: causes

쉬운 문장으로 익히기

He that gathers in summer(여름에 거두는 자는) is a wise son(지혜로운 아들이다), but he that sleeps in harvest(그러나 수확 때에 잠자는 자는) is a son that causes shame(수치를 끼치는 아들이다).

• 쓰기

He that gathers in summer

is a wise son,

but he that sleeps in harvest

is a son that causes shame.

• 새기기

The soul of the sluggard desireth, and hath nothing: but the soul of the diligent shall be made fat.

게으른 자의 혼은 원하여도 아무것도 소유하지 못하나
부지런한 자의 혼은 기름지게 되리로다.

Proverbs 13:4

be made + 형용사 ~하게 되다

수동태(be+p.p.) 형태로 형용사와 함께 쓰여 '~하는 상태로 되어지다, ~해지다'라는 뜻을 나타내며 주어의 상태 변화를 서술합니다. 문맥상 be made fat은 '마음이 풍족하게 되다, 영혼이 살찌게 되다'와 같은 의미로 이해할 수 있어요.

* desire (v.) 바라다, 원하다 / soul (n.) 혼, 마음

e.g. This building was made public last year.
이 건물은 작년에 대중에게 공개되었다.

고어 이해하기 desireth: desires / hath: has

쉬운 문장으로 익히기

The soul of the sluggard desires(게으른 자의 혼은 원한다), and has nothing(그리고 아무것도 얻지 못한다), but the soul of the diligent(그러나 부지런한 자의 혼은) shall be made fat(기름지게 될 것이다).

• 쓰기

The soul of the sluggard desires,

and has nothing,

but the soul of the diligent

shall be made fat.

• 새기기

Love not sleep, lest thou come to poverty; open thine eyes, and thou shalt be satisfied with bread.

잠을 사랑하지 말라. 네가 가난하게 될까 염려하노라.
네 눈을 뜨라. 그리하면 네가 빵으로 만족하리라.

Proverbs 20:13

lest ~할까 (염려하다)

in order that...not(~하지 않기 위해), in case(~할 경우에 대비해서, 혹시 ~할지 모르니까)와 같이 lest
도 '~하지 않도록, ~하면 안 되기 때문에' 등과 같은 의미를 가진 접속사로 사용됩니다.

* poverty (n.) 가난, 빈곤 / satisfied (adj.) 만족하는, 흡족해하는 (shall be satisfied with bread: 문맥상 '게으르
지 않고 부지런히 일하면 먹을 것이 풍족할 것이다'는 의미로 이해할 수 있음)

e.g. Beware lest you lose the substance by grasping at the shadow.
그림자를 잡으려다 본질을 놓치지 않도록 조심하라. (이솝 우화)

고어 이해하기 thou: you(주격) / thine: your / shalt: shall

쉬운 문장으로 익히기

Don't love sleep(잠을 사랑하지 말아라), lest you come to poverty(네가 가난하게 될까 염려된다),
open your eyes(네 눈을 떠라), and you shall be satisfied(그러면 네가 만족할 것이다) with
bread(빵으로).

• 쓰기

Don't love sleep.

lest you come to poverty,

open your eyes,

and you shall be satisfied

with bread.

• 새기기

He that loveth pleasure shall be a poor man: he that loveth wine and oil shall not be rich.

쾌락을 사랑하는 자는 가난한 자가 될 것이요,
포도주와 기름을 사랑하는 자는 부하게 되지 못하리로다.

Proverbs 21:17

pleasure 기쁨, 흥, 쾌락

상대방의 감사 표현에 '제가 좋아서 한 건데요, 제 기쁨입니다'라는 의미로 'It's my pleasure.(별말씀을요.)'이라고 기분좋게 화답해 보세요. 동사형 please는 '기쁘게 하다, 기분을 맞추다'라는 뜻을 나타냅니다.

e.g. I sometimes wonder whether all pleasures are not substitutes for joy.
나는 때때로 모든 쾌락이 기쁨의 대용품이 아닌지 생각해 본다. (C. S. 루이스)

고어 이해하기 loveth: loves

쉬운 문장으로 익히기

He that loves pleasure(쾌락을 사랑하는 자는) shall be a poor man(가난한 자가 될 것이다), he that loves wine and oil(포도주와 기름을 사랑하는 자는) shall not be rich(부하게 되지 못할 것이다).

• 쓰기

He that loves pleasure

shall be a poor man,

he that loves wine and oil

shall not be rich.

• 새기기

1. Go to the ant, (   ), consider her ways and be wise.

너 게으른 자여, 개미에게 가서 개미의 길들을 깊이 살펴보고 지혜를 얻으라.

2. How long will you sleep, O sluggard?

When will you (   ) your sleep?

오 게으른 자여, 네가 어느 때까지 자려느냐? 네가 어느 때에 잠에서 일어나려느냐?

3. He becomes poor that deals with (   ), but the hand of the diligent makes rich.

손을 느리게 놀리는 자는 가난하게 되나 부지런한 자의 손은 부하게 만드느니라.

4. He that gathers in summer is a wise son, but he that sleeps in harvest is a son that (   ).

여름에 거두는 자는 지혜로운 아들이나 수확 때에 잠자는 자는 수치를 끼치는 아들이니라.

5. The soul of the sluggard desires, and has nothing, but the soul of the diligent shall (   ).

게으른 자의 혼은 원하여도 아무것도 소유하지 못하나 부지런한 자의 혼은 기름지게 되리로다.

6. Don't love sleep, (   ), open your eyes, and you shall be satisfied with bread.

잠을 사랑하지 말라. 네가 가난하게 될까 염려하노라. 네 눈을 뜨라. 그리하면 네가 빵으로 만족하리라.

7. He that (   ) shall be a poor man, he that loves wine and oil shall not be rich.

쾌락을 사랑하는 자는 가난한 자가 될 것이요, 포도주와 기름을 사랑하는 자는 부하게 되지 못하리로다.

정답 1. you sluggard   2. arise out of   3. a slack hand   4. causes shame   5. be made fat   6. lest you come to poverty   7. loves pleasure

3

현숙함, 신중함

As a jewel of gold in a swine's snout, so is a fair woman which is without discretion.

15

As a jewel of gold in a swine's snout, so is a fair woman which is without discretion.

아름다운 여자가 분별이 없는 것은
돼지 코의 금장식 같으니라.

Proverbs 11:22

fair 아름다운

fair는 '매력적인, 아름다운'과 '공정한'이라는 두 가지 의미를 갖고 있습니다. 영화 〈My Fair Lady〉에서의 fair는 전자의 뜻으로 쓰였어요.

* swine (n.) 돼지 (라틴어에 뿌리를 둔 단어로 '돼지 독감'과 같은 전문용어에 사용하는 반면 pig는 보편적인 돼지를 일컬음) / snout (n.) (동물의) 코 / discretion (n.) 분별, 지각, 신중

e.g. Beauty is God's handwriting. Welcome it in every fair face, every fair day, every fair flower.

아름다움은 신의 필적이다. 모든 아름다운 얼굴, 모든 아름다운 날, 모든 아름다운 꽃에서 이를 받아들이라.

(찰스 킹슬리)

문장 익히기

As a jewel of gold(금장식 같이) in a swine's snout(돼지 코에 걸린), so is a fair woman(아름다운 여자도 그러하다) who is without discretion(분별이 없다면).

● 쓰기

As a jewel of gold
in a swine's snout,
so is a fair woman
who is without discretion.

● 새기기

A virtuous woman is a crown to her husband: but she that maketh ashamed is as rottenness in his bones.

현숙한 여인은 자기 남편의 화관이거니와
부끄럽게 하는 여인은 그의 뼈 속의 썩은 것과 같으니라.

Proverbs 12:4

virtuous 현숙한

'덕망 있는, 고결한, 정숙한'이란 의미로도 많이 사용되는 virtuous는 명사형 virtue(미덕, 덕목)에서 파생된 형용사입니다.

＊ 본 문장은 '현숙한 아내는 남편의 자랑과 기쁨이 되지만 자기 남편을 부끄럽게 하는 아내는 남편의 뼈를 썩게 하는 존재와 같다'는 의미로 이해할 수 있음

e.g. A woman in love has full intelligence of her power; the more virtuous she is, the more effective her coquetry.

사랑에 빠진 여자는 그녀의 능력에 대해 완전한 지성을 가지고 있고 현숙할수록 그녀의 요향은 더 효과적이다. (오노레 드 발자크)

고어 이해하기 maketh: makes

쉬운 문장으로 익히기

A virtuous woman(현숙한 여인은) is a crown to her husband(자기 남편의 화관이다), but she that makes ashamed(그러나 부끄럽게 하는 여인은) is as rottenness in his bones(그의 뼈 속의 썩은 것과 같다).

● 쓰기

A virtuous woman

is a crown to her husband,

but she that makes ashamed

is as rottenness in his bones.

● 새기기

17

A fool's wrath is presently known: but a prudent man covereth shame.

어리석은 자의 진노는 즉시 알려지거니와
분별 있는 자는 수치를 덮느니라.

Proverbs 12:16

be known 알려지다

다른 사람들이 알게 되는 상황을 표현할 때 **be known**(알려지다)을 사용해요. 본 문장에서는 '어리석은 자는 진노를 당장 드러낸다'는 의미로 이해할 수 있어요.

* wrath (n.) 진노, 노여움 / prudent (adj.) 신중한, 분별 있는 / cover (v.) 가리다, 덮다 (covers shame: 문맥상 '수치를 참는다'로 이해할 수 있음)

e.g. If I could, I would always work in silence and obscurity, and let my efforts be known by their results.

할 수만 있다면 나는 늘 조용하게 무명으로 일하고 나의 노력이 결과로 알려지게 할 것이다. (에밀리 브론테)

고어 이해하기 covereth: covers

쉬운 문장으로 익히기

A fool's wrath(어리석은 자의 진노는) is presently known(즉시 알려진다), but a prudent man(그러나 분별 있는 자는) covers shame(수치를 덮는다).

• 쓰기

A fool's wrath

is presently known,

but a prudent man

covers shame.

• 새기기

18

The simple believeth every word: but the prudent man looketh well to his going.

단순한 자는 모든 말을 믿으나
분별 있는 자는 자기의 가는 것을 잘 살피느니라.

Proverbs 14:15

prudent 분별 있는

prudent와 prudential은 '분별 있는, 신중한'이라는 동일한 뜻을 나타냅니다. prudent가 일반적으로 사용되는 반면 prudential은 행동으로 이어지는 고려 사항이나 동기를 내포하고 있기 때문에 주로 사업과 연관 지어 사용됩니다.

* looks well to his going: 문맥상 '자신의 행동을 조심스럽게 살핀다'는 의미로 이해할 수 있음

e.g. That man is prudent who neither hopes nor fears anything from the uncertain events of the future.

미래의 불확실한 사건에 대해 무언가를 바라지도 두려워하지도 않는 사람은 분별 있는 사람이다. (아나톨 프랑스)

고어 이해하기 believeth: believes / looketh: looks

쉬운 문장으로 익히기

The simple believes(단순한 자는 믿는다) every word(모든 말을), but the prudent man(그러나 분별 있는 자는) looks well to his going(자기의 가는 것을 잘 살핀다).

• 쓰기

The simple believes
every word,
but the prudent man
looks well to his going.

• 새기기

19

Who can find a virtuous woman?
for her price is far above rubies.

누가 현숙한 여인을 찾겠느냐?
그녀의 값은 루비보다 훨씬 더 나가느니라.

Proverbs 31:10

far 훨씬

far가 두 지점 상의 거리를 표현할 땐 '멀리'라는 뜻으로 사용되며, 부사나 형용사 앞에서 비교의 정도를 강조할 땐 '훨씬'이라는 뜻으로 사용됩니다. 그밖에 비교급 강조 부사로는 **even**, **still**, **much**, **a lot** 등이 있습니다.

* for (conj.) '왜냐하면 ~이니까'와 같은 뜻으로 주절에 대한 추가적인 설명이나 근거를 댈 때 사용 (반면 **because**는 '~때문에, ~해서'와 같은 뜻으로 어떤 결과에 대한 원인을 나타냄) / price (n.) 값, 대가 (her price: 문맥상 '현숙한 여인의 가치'로 이해할 수 있음)

e.g. The best fiction is far more true than any journalism.
최고의 소설은 그 어떤 저널리즘보다 훨씬 사실적이다. (윌리엄 포크너)

문장 익히기

Who can find(누가 찾을 수 있는가?) a virtuous woman?(현숙한 여인을) for her price is(왜냐하면 그녀의 값은) far above rubies(루비보다 훨씬 더 값지기 때문에).

• 쓰기

Who can find

a virtuous woman?

for her price is

far above rubies.

• 새기기

20

Ponder the path of thy feet, and let all thy ways be established.

네 발의 행로를 곰곰이 생각하며
네 모든 길을 굳게 세우라.

Proverbs 4:26

ponder 숙고하다, 곰곰이 생각하다

ponder은 무게를 재는 단위인 **pound**에서 나온 말로 **think**의 의미와 합쳐져 '무게감 있게 생각한다'는 의미를 내포하고 있어요. 주로 전치사 **on**이나 **over**와 함께 쓰여 '~에 대해 곰곰이(차분히) 생각하다'라는 뜻의 표현으로도 활용됩니다.

* **path (n.)** 길, (행동) 계획, (나아가는) 방향 / **establish (v.)** 확고히 하다, 수립하다, 설립하다

e.g. So much has been given to me I have not time to ponder over that which has been denied.

너무나 많은 것이 주어졌기에 거부된 것에 대해 고민할 시간이 없다. (헬렌 켈러)

고어 이해하기 thy: your

쉬운 문장으로 익히기

Ponder(곰곰이 생각하라) the path of your feet(네 발이 가는 길을), and let all your ways(그리고 너의 모든 길이) be established(굳게 세워지게 하라).

• 쓰기

Ponder
the path of your feet,
and let all your ways
be established.

• 새기기

21

Turn not to the right hand nor to the left: remove thy foot from evil.

오른쪽으로나 왼쪽으로나 치우치지 말고
네 발을 악에서 떠나게 할지어다.

Proverbs 4:27

turn to ~로 향하다

turn to + **방향**은 어느 쪽으로 향하는지를 나타내며, 방향 대신 사물·대상, 사람을 나타내는 명사를 써서
'~로 바뀌다, ~에 의지하다'라는 뜻의 표현으로 사용할 수 있어요.

* remove (v.) (어떤 곳에서) 치우다, 내보내다, 제거하다

e.g. Their savage eyes turn'd to a modest gaze by the sweet power of music.

그들의 야만적인 시선은 감미로운 음악의 힘에 의해 겸손한 시선으로 바뀌었구나.

(베니스의 상인, 윌리엄 셰익스피어)

고어 이해하기 thy: your

쉬운 문장으로 익히기

Do not turn(향하지 말라) to the right nor to the left(오른쪽으로나 왼쪽으로나), remove your
foot(네 발을 떠나게 하라) from evil(악으로부터).

• 쓰기

Do not turn

to the right nor to the left.

remove your foot

from evil.

• 새기기

• 되새기기

1. As a jewel of gold in a swine's snout, so is (   )

which is without discretion.

아름다운 여자가 분별이 없는 것은 돼지 코의 금장식 같으니라.

2. (   ) is a crown to her husband, but she that

makes ashamed is as rottenness in his bones.

현숙한 여인은 자기 남편의 화관이거니와 부끄럽게 하는 여인은 그의 뼈 속의 썩은 것과 같으니라.

3. A fool's wrath (   ), but a prudent man covers

shame.

어리석은 자의 진노는 즉시 알려지거니와 분별 있는 자는 수치를 덮느니라.

4. The simple believes every word, but (   )

looks well to his going.

단순한 자는 모든 말을 믿으나 분별 있는 자는 자기의 가는 것을 잘 살피느니라.

5. Who can find a virtuous woman? for her price is (   ).

누가 현숙한 여인을 찾겠느냐? 그녀의 값은 루비보다 훨씬 더 나가느니라.

6. (   ) of your feet, and let all your ways be established.

네 발의 행로를 곰곰이 생각하며 네 모든 길을 굳게 세우라.

7. (   ) the right hand nor to the left, remove your foot from evil.

오른쪽으로나 왼쪽으로나 치우치지 말고 네 발을 악에서 떠나게 할지어다.

4

말의 신중함 (1)

A soft answer turneth away wrath: but grievous words stir up anger.

22

A soft answer turneth away wrath: but grievous words stir up anger.

부드러운 대답은 진노를 돌이키거니와
가혹한 말들은 분노를 일으키느니라.

Proverbs 15:1

stir up ~을 일으키다, 야기시키다

stir up은 강한 감정이나 논쟁, 문제 등을 일으키거나 유발할 때 쓰이는 표현으로 '휘젓다'라는 뜻을 가진 stir
에서 유래되었습니다. 싸움을 부추기거나 분란을 조장한다는 의미로도 쓰여요.

* turn away 물리치다, 거부·거절하다 (turns away wrath: 문맥상 '분노를 가라앉힌다'로 이해할 수 있음) /
  grievous (adj.) 통탄할 (grievous words: 문맥상 '거친·과격한·가혹한 말'을 의미)

e.g. The media should not stir up public opinion.
　　　언론은 여론을 선동해서는 안 된다.

고어 이해하기 turneth: turns

쉬운 문장으로 익히기

A soft answer(부드러운 대답은) turns away wrath(진노를 돌이킨다), but grievous words(하지만
가혹한 말들은) stir up anger(분노를 일으킨다).

• 쓰기

A soft answer

turns away wrath,

but grievous words

stir up anger.

• 새기기

In the multitude of words there wanteth not sin: but he that refraineth his lips is wise.

말이 많은 곳에는 죄가 부족하지 아니하거니와
자기 입술을 금하는 자는 지혜로우니라.

Proverbs 10:19

want 부족하다

want(원하다, 필요하다)는 be lacking(부족하다)의 개념으로 '부족한 상태를 채우기 위해 무언가를 원하게 된다'는 의미를 내포하고 있어요. 문맥상 there wants not sin 은 '말이 많으면 죄를 짓기 쉽다'는 의미로 이해할 수 있습니다. 참고로 want for nothing(아쉬운·결핍된 것이 없다)도 함께 익혀 두면 좋아요.

* a(the) multitude of 다수의, 많은 / refrain (v.) 삼가다(조심하다), 자제하다

e.g. We weren't rich growing up but we wanted for nothing.

우리는 자랄 때 부자는 아니었지만 부족한 것은 없었어요.

고어 이해하기 wanteth: wants / refraineth: refrains

쉬운 문장으로 익히기

In the multitude of words(말이 많은 곳에는) there wants not sin(죄가 부족하지 않다), but he that refrains his lips(그러나 자기 입술을 지키는 자는) is wise(지혜롭다).

• 쓰기

in the multitude of words

there wants not sin,

but he that refrains his lips

is wise.

• 새기기

A talebearer revealeth secrets: but he that is of a faithful spirit concealeth the matter.

소문을 퍼뜨리는 자는 은밀한 일들을 드러내나
신실한 영을 지닌 자는 문제를 숨기느니라.

Proverbs 11:13

conceal 감추다, 숨기다

conceal은 어원적으로 con(완전히)과 ceal(숨기다)이 합쳐져 만들어진 단어입니다. 참고로 잡티를 가릴 때 쓰는 화장품인 컨실러(concealer)도 여기에서 비롯되었어요. 문맥상 conceal the matter는 '비밀을 지킨다'는 의미로 이해할 수 있습니다.

* reveal (v.) 드러내다 / secret (n.) 비밀 / faithful (adj.) 신실한 / spirit (n.) 정신. 영

e.g. I could not conceal the present from him.
나는 그로부터 선물을 숨길 수 없었다.

고어 이해하기 revealeth: reveals / concealeth: conceals

쉬운 문장으로 익히기

A talebearer(소문을 퍼뜨리는 자는) reveals secrets(은밀한 일들을 드러낸다), but he that is of a faithful spirit(그러나 신실한 영을 지닌 자는) conceals the matter(문제를 숨긴다).

• 쓰기

A talebearer

reveals secrets,

but he that is of a faithful spirit

conceals the matter.

• 새기기

There is that speaketh like the piercings of a sword: but the tongue of the wise is health.

칼로 찌르듯이 말하는 자가 있거니와
지혜로운 자의 혀는 건강하게 하느니라.

Proverbs 12:18

the + 형용사 ~한 사람(들)

정관사 the가 **형용사**와 함께 쓰여 어떠한 사람들의 그룹을 지칭하는 명사 역할을 합니다. 문장에서 **the wise**는 '지혜로운 자(들)'를 일컬어요.

* pierce (v.) (뾰족한 기구로) 뚫다, 찌르다 / sword (n.) 칼, 검 / health (n.) 건강 (is health: 문맥상 '지혜로운 자의 말은 남의 아픔을 낫게 한다'는 의미로 이해할 수 있음)

e.g. A word is enough to the wise.
현명한 자에게는 한마디로 족하다. (속담)

고어 이해하기 speaketh: speaks

쉬운 문장으로 익히기

There is that speaks(말하는 자가 있다) like the piercings of a sword(칼로 찌르는 것과 같이), but the tongue of the wise(그러나 지혜로운 자의 혀는) is health(건강하게 한다).

• 쓰기

There is that speaks
like the piercings of a sword,
but the tongue of the wise
is health.

• 새기기

He that keepeth his mouth keepeth his life: but he that openeth wide his lips shall have destruction.

자기 입을 지키는 자는 자기 생명을 보호하나
자기 입술을 크게 벌리는 자에게는 멸망이 있으리로다.

Proverbs 13:3

keep one's mouth (shut) 입을 지키다, 다물다

mouth 대신에 eye를 넣어 keep one's eye open(조심하다. 경계하다)의 표현으로 활용할 수 있어요.

* he that opens wide his lips: 문맥상 '입을 함부로 놀리는 자'를 의미 / destruction (n.) 파멸

e.g. It is better to keep your mouth shut and appear stupid than to open it and remove all doubt.

입을 다물고 어리석은 것처럼 보이는 게 입을 열어 그게 진짜라는 걸 증명하는 것보다 낫다. (마크 트웨인)

고어 이해하기 keepeth: keeps / openeth: opens

쉬운 문장으로 익히기

He that keeps his mouth(자기 입을 지키는 자는) keeps his life(자기 생명을 보호한다), but he that opens wide his lips(하지만 자기 입술을 크게 벌리는 자에게는) shall have destruction(멸망이 있다).

• 쓰기

He that keeps his mouth

keeps his life,

but he that opens wide his lips

shall have destruction.

• 새기기

27

In all labour there is profit: but the talk of the lips tendeth only to penury.

모든 수고에는 유익이 있어도
입술의 말은 빈곤에 이를 뿐이니라.

Proverbs 14:23

tend to ~하는 경향이 있다

tend to는 자연스럽게 '~하는 편이다' 또는 '~하곤 한다'라고 해석할 수 있어요. 또한 '신경을 쓰다, 돌보다'라는 의미로도 사용되기 때문에 문맥을 통해 구분해야 해요.

* labo(u)r (n.) 노동, 작업, 수고 / profit (n.) 이익 / penury (n.) 빈곤, 궁핍 / the talk of the lips: 문맥상 '(수고 없이) 입만 놀리는 것'으로 이해할 수 있음

e.g. As people accumulate more wealth, they tend to spend a greater proportion of their incomes.

사람들은 더 많은 부를 축적할수록 소득의 더 많은 부분을 지출하는 경향이 있다.

고어 이해하기 tendeth: tends

쉬운 문장으로 익히기

In all labour(모든 수고에는) there is profit(유익이 있다), but the talk of the lips(하지만 입술의 말은) tends only to penury(빈곤에 이를 뿐이다).

• 쓰기

In all labour

there is profit.

but the talk of the lips

tends only to penury.

• 새기기

28

The wise in heart will receive commandments: but a prating fool shall fall.

마음이 지혜로운 자는 명령들을 받아들이되
수다를 떠는 어리석은 자는 넘어지리로다.

Proverbs 10:8

prating 잘 떠드는, 재잘재잘 지껄이는

고어적인 표현으로 동사형은 prate(못마땅하여 구시렁거리다, 쓸데없는 말을 하다)입니다. 참고로 chatter(수다를 떨다, 재잘거리다), brag(자랑하다, 떠벌리다)도 함께 익혀 두면 좋아요.

e.g. ...We will not stand to prate; Talkers are no good doers; be assured We come to use our hands and not our tongues.

우리는 떠들지 않을 것입니다. 말만 해대는 사람들은 실천하지 않죠. 우리는 혀가 아니라 손을 사용하기 위해 왔으니 안심하세요. (리차드 3세, 윌리엄 셰익스피어)

문장 익히기

The wise in heart(마음이 지혜로운 자는) will receive commandments(명령들을 받아들인다), but a prating fool(그러나 수다를 떠는 어리석은 자는) shall fall(넘어질 것이다).

• 쓰기

The wise in heart
will receive commandments,
but a prating fool
shall fall.

• 새기기

• 되새기기

1. A soft answer turns away wrath, but grievous words (   ).

부드러운 대답은 진노를 돌이키거니와 가혹한 말들은 분노를 일으키느니라.

2. In the multitude of words there (   ), but he

that refrains his lips is wise.

말이 많은 곳에는 죄가 부족하지 아니하거니와 자기 입술을 금하는 자는 지혜로우니라.

3. A talebearer reveals secrets, but he that is of a faithful spirit

(   ).

소문을 퍼뜨리는 자는 은밀한 일들을 드러내나 신실한 영을 지닌 자는 문제를 숨기느니라.

4. There is that speaks like the piercings of a sword,

but (   ) is health.

칼로 찌르듯이 말하는 자가 있거니와 지혜로운 자의 혀는 건강하게 하느니라.

5. He that (   ) keeps his life, but he that opens

wide his lips shall have destruction.

자기 입을 지키는 자는 자기 생명을 보호하나 자기 입술을 크게 벌리는 자에게는 멸망이 있으리로다.

6. In all labour there is profit, but the talk of the lips (   ).

모든 수고에는 유익이 있어도 입술의 말은 빈곤에 이를 뿐이니라.

7. The wise in heart will receive commandments, but (   )

shall fall.

마음이 지혜로운 자는 명령들을 받아들이되 수다를 떠는 어리석은 자는 넘어지리로다.

Write on Your Heart

5

말의 신중함 (2)

A man hath joy by the answer of his mouth: and a word spoken in due season, how good is it!

29

A man hath joy by the answer of his mouth: and a word spoken in due season, how good is it!

사람은 자기 입의 대답으로 기쁨을 누리나니
때에 맞게 한 말이 얼마나 좋은가!

Proverbs 15:23

in due season 적절한 시기에

due는 '~하기로 예정된' 시기를 뜻하며, 문맥상 a word spoken in due season은 '때에 맞는(적재적소의) 지혜의 말. (권면·위로·용기 등의 말로) 사람을 흡족케 하는 대답'과 같은 의미로 이해할 수 있습니다. 관련된 표현으로 in due course. in due time(때가 되면, 머지 않아)도 있으니 함께 익혀 두세요.

e.g. A stitch in due time saves nine.
　　제 때의 한 땀은 나중에 해야 할 아홉 바늘의 수고를 덜어준다. (영국 속담)

고어 이해하기 hath: has

쉬운 문장으로 익히기
A man has joy(사람은 기쁨을 누린다) by the answer of his mouth(자기 입의 대답으로 인해), and a word spoken in due season(때에 맞게 한 말이), how good is it(얼마나 좋은가)!

● 쓰기

A man has joy

by the answer of his mouth,

and a word spoken in due season,

how good is it!

● 새기기

The heart of the righteous studieth to answer: but the mouth of the wicked poureth out evil thing.

의로운 자의 마음은 대답을 하려고 연구하거니와
사악한 자의 입은 악한 것들을 쏟아 내느니라.

Proverbs 15:28

pour out (한동안 숨기고 있던 감정 · 말을) 쏟아 놓다

음료를 따를 때뿐만 아니라 감정을 쏟을 때도 pour를 사용해요. 참고로 억수로 내리는 비는 **pouring rain** 이라고 불러요.

* righteous (adj.) 옳은, 의로운 / study to answer: 문맥상 '깊이 생각하고 대답한다'는 의미로 이해할 수 있음

e.g. He poured out his emotional problems asking for my help.
그는 나의 도움을 바라며 감정적인 문제들을 쏟아 냈다.

고어 이해하기 studieth: studies / poureth: pours

쉬운 문장으로 익히기
The heart of the righteous(의로운 자의 마음은) studies to answer(대답을 하려고 연구한다), but the mouth of the wicked(그러나 사악한 자의 입은) pours out evil thing(악한 것들을 쏟아낸다).

• 쓰기

The heart of the righteous

studies to answer,

but the mouth of the wicked

pours out evil thing.

• 새기기

31

Pleasant words are as an honeycomb, sweet to the soul, and health to the bones.

즐거운 말들은 벌집 같아서 혼에게 달고
뼈에 건강을 주느니라.

Proverbs 16:24

to the bone 뼛속까지

to the bone은 문자 그대로 뼈에까지 이른다는 의미이며, 어떤 상태의 정도를 아주 강하게 표현하거나 마음 속 깊은 곳까지 파고드는 상태를 비유적으로 말할 때 자주 사용합니다.

* honeycomb (n.) 벌집 (본 문장 맥락에서는 '선하고 다정한 말은 꿀송이처럼 달아서 사람의 마음을 즐겁게 하고 육체에 생기를 북돋아 준다'는 의미로 이해할 수 있음)

e.g. She felt lonely to the bone.
그녀는 외로움이 뼈에 사무쳤다.

고어 이해하기 healeth: heals

쉬운 문장으로 익히기
Pleasant words(즐거운 말들은) are as a honeycomb(벌집 같다), sweet to the soul(혼에게 달고), and health to the bones(뼈에 건강을 준다).

• 쓰기

Pleasant words

are as a honeycomb,

sweet to the soul,

and health to the bones.

• 새기기

He that answereth a matter before he heareth it, it is folly and shame unto him.

문제를 듣기도 전에 대답하는 자에게는
그것이 어리석음이요, 수치니라.

Proverbs 18:13

folly 판단력 부족, 어리석음

어리석은 사실 또는 어리석은 행동·생각 등을 명사로 **folly**라고 합니다. 본 문장의 맥락에서는 '어떤 사연이나 문제를 다 듣기도 전에 대답하는 것은 수치를 당하기에 알맞은 <u>어리석은 행동</u>'이라는 의미로 이해할 수 있어요.

* matter (n.) 문제(일·사안), 상황, 사태, 사정

e.g. If the fool would persist in his folly he would become wise.

어리석은 자가 자신의 어리석음을 고집한다면 그는 현명해질 것이다. (윌리엄 블레이크)

고어 이해하기 answereth: answers / heareth: hears

쉬운 문장으로 익히기

He that answers a matter(문제에 대답하는 자는) before he hears it(그것을 듣기도 전에), it is folly and shame(그것이 어리석음이고 수치이다) unto him(그에게).

• 쓰기

He that answers a matter

before he hears it.

it is folly and shame

unto him.

• 새기기

33

A word fitly spoken is like apples of gold in pictures of silver.

적절히 말한 말은
은그림에 있는 금사과 같으니라.

Proverbs 25:11

fitly 적절히, 알맞게

무언가 꼭 들어맞을 때 fit이라고 하죠? fit(적합한, 알맞은)에 ly를 붙이면 '적당하게, 알맞게'라는 뜻의 부사로 사용할 수 있어요. 본 문장 맥락에서는 '경우에 합당한 말은 은쟁반에 놓여진 금사과와 같다'는 의미로 이해할 수 있어요.

e.g. Speak fitly, or be silent wisely.
적절하게 말하거나 현명하게 침묵하라. (조지 허버트)

문장 익히기

A word fitly spoken(적절히 말한 말은) is like apples of gold(금사과와 같다), in pictures of silver(은그림에 있는).

• **쓰기**

A word fitly spoken

is like apples of gold

in pictures of silver.

• **새기기**

34

A fool uttereth all his mind: but a wise man keepeth it in till afterwards.

어리석은 자는 자기 생각을 모두 말하되
지혜로운 자는 그것을 나중에까지 지키느니라.

Proverbs 29:11

keep sth. in (감정을) 억제하다, 감추다

본 문장의 맥락에서 keep it in은 '어리석은 자는 자신의 감정을 다 드러내지만 지혜로운 자는 절제한다'는 의미로 이해할 수 있어요. 참고로 동사 keep(유지하다)은 부사와 짝을 지어 keep sth. up(동일한 정도로 ~을 계속하다), keep sth. out(~이 들어가지 않게 하다, 출입을 금하다)와 같은 표현으로도 활용됩니다.

* utter (v.) 입 밖에 내다, 발화하다

e.g. She wanted to make me mad, but I kept it all in.
그녀는 나를 화나게 만들려고 했지만 나는 모든 감정을 억제했다.

고어 이해하기 uttereth: utters / keepeth: keeps

쉬운 문장으로 익히기
A fool utters(어리석은 자는 말한다) all his mind(자기 생각을 모두), but a wise man keeps it in(하지만 지혜로운 자는 그것을 지킨다) till afterwards(나중에까지).

• 쓰기

A fool utters
all his mind,
but a wise man keeps it in
till afterwards.

• 새기기

Blessings are upon the head of the just: but violence covereth the mouth of the wicked.

복은 의인의 머리 위에 있으나
폭력은 사악한 자의 입을 덮느니라.

Proverbs 10:6

violence 폭력

violence는 정신적, 물리적 폭력을 모두 아우르는 단어이며, 문맥상 violence covers the mouth of the wicked는 '의인의 머리에는 복이 임하나 악인의 입에는 난폭함이 서려 있다'는 의미로 이해할 수 있어요. 형용사 violent(폭력적인)도 함께 익혀 두면 좋아요.

* blessing (n.) 복, 축복 / the just 의인·정의로운 사람(들) / the wicked 악인·사악한 사람(들)

e.g. I was concerned about the violence on the TV show that my kids watch.

나는 내 자녀들이 보는 TV 쇼에 나오는 폭력이 걱정 되었다.

고어 이해하기 covereth: covers

쉬운 문장으로 익히기

Blessings are(복이 있다) upon the head of the just(의인의 머리 위에), but violence covers(하지만 폭력은 덮는다) the mouth of the wicked(사악한 자의 입을).

• 쓰기

Blessings are

upon the head of the just,

but violence covers

the mouth of the wicked.

• 새기기

1. A man has joy by the answer of his mouth, and a word spoken

(   ), how good is it!

사람은 자기 입의 대답으로 기쁨을 누리나니 때에 맞게 한 말이 얼마나 좋은가!

2. The heart of the righteous studies to answer, but the mouth of the

wicked (   ) evil thing.

의로운 자의 마음은 대답을 하려고 연구하거니와 사악한 자의 입은 악한 것들을 쏟아 내느니라.

3. Pleasant words are as a honeycomb, sweet to the soul, and health

(   ).

즐거운 말들은 벌집 같아서 혼에게 달고 뼈에 건강을 주느니라.

4. He that answers a matter before he hears it, it is (   )

unto him.

문제를 듣기도 전에 대답하는 자에게는 그것이 어리석음이요, 수치니라.

5. A word (   ) is like apples of gold in pictures of silver.

적절히 말한 말은 은그림에 있는 금사과 같으니라.

6. A fool utters all his mind, but a wise man (   ) till afterwards.

어리석은 자는 자기 생각을 모두 말하되 지혜로운 자는 그것을 나중에까지 지키느니라.

7. Blessings are upon the head of the just, but (   ) the mouth of the wicked.

복은 의인의 머리 위에 있으나 폭력은 사악한 자의 입을 덮느니라.

6

이웃 사랑

Withhold not good from them to whom it is due, when it is in the power of thine hand to do it.

Withhold not good from them to whom it is due, when it is in the power of thine hand to do it.

네 손 안에 선을 베풀 힘이 있거든
마땅히 그것을 받을 자들에게 선 베풀기를 금하지 말며.

Proverbs 3:27

withhold ~를 주지 않다, 보류하다

문맥상 wihhold는 '선을 베풀 능력이 있거든 마땅히 받을(도움이 필요한) 자들에게 베풀기를 주저하지 말라'는 의미로 이해할 수 있어요. 참고로 접두사 with는 withstand(견디다), withdraw(물러서다, 돈을 인출하다)와 같이 각기 다른 동사와 결합하여 다양하게 활용됩니다.

e.g. It is wise to withhold judgment when things are not certain.
확실하지 않을 때는 판단을 보류하는 것이 현명하다.

고어 이해하기 thine: your

쉬운 문장으로 익히기

Do not withhold good(선 베풀기를 금하지 말아라) from them to whom it is due(마땅히 그것을 받을 자들에게), when it is in the power(힘이 있는 경우) of your hand to do it(네 손 안에 선을 베풀 수 있는).

• 쓰기

Do not withhold good

from them to whom it is due.

when it is in the power

of your hand to do it.

• 새기기

37

Devise not evil against thy neighbour, seeing he dwelleth securely by thee.

네 이웃이 네 곁에서 안전히 거하는 것을 보거든
그를 해하려고 악을 꾀하지 말라.

Proverbs 3:29

devise 창안하다, 고안하다

devise는 동사로 장치, 수단, 대안 등을 고안하고 강구할 때 쓰여요. 문맥상 **do not devise evil**은 '상대방을 해칠 생각을 하지 마라(계략을 꾸미지 마라)'는 의미로 이해할 수 있어요. 덧붙여 '기기'를 뜻하는 명사 **device**와 헷갈리지 않게 주의하세요.

* neighbo(u)r (n.) 이웃 (사람) / dwell (v.) 살다, 거주하다

e.g. We must devise a system in which peace is more rewarding than war.
우리는 전쟁보다 평화가 더 가치 있는 제도를 만들어야 한다. (마가렛 미드)

고어 이해하기 dwelleth: dwell / thee: you(목적격)

쉬운 문장으로 익히기

Do not devise evil(악을 꾀하지 말아라) against your neighbor(네 이웃을 대적하여), seeing he dwells(그가 거하는 것을 보거든) securely by you(네 곁에서 안전히).

• 쓰기

Do not devise evil

against your neighbor,

seeing he dwells

securely by you.

• 새기기

38

Hatred stirreth up strifes:
but love covereth all sins.

미움은 다툼들을 일으키되
사랑은 모든 죄를 덮느니라.

Proverbs 10:12

strife 갈등, 문제

strife의 동의어로는 conflict(갈등)가 있으며, 동사형 strive는 '분투하다, 노력하다'라는 뜻을 나타냅니다.
* hatred (n.) 증오, 혐오, 미움 / love covers all sins: 문맥상 '사랑은 상대방의 허물을 덮어준다'는 의미로 이해할
  수 있음

e.g. Through strife the slumbering soul awakes, We learn on error's troubled route...
갈등을 통해 잠자던 혼이 깨어나고 우리는 실수의 험난한 길 위에서 깨우침을 얻는다. (엘라 휠러 윌콕스)

고어 이해하기 stirreth: stirs / covereth: covers

쉬운 문장으로 익히기
Hatred stirs up strifes(미움은 다툼들을 일으킨다), but love covers all sins(하지만 사랑은 모든 죄를
덮는다).

• 쓰기

Hatred stirs up strifes,

but love covers all sins.

• 새기기

He that is void of wisdom despiseth his neighbour: but a man of understanding holdeth his peace.

지혜가 없는 자는 자기 이웃을 멸시하나
명철한 자는 잠잠하느니라.

Proverbs 11:12

be void of ~이 결여된(없는)

void는 '텅 빈 공허함'이란 기본적 의미를 비롯해 '빈 공간'을 뜻하며, 법률과 관련하여 계약·합의 등이 '무효인, 법적 효력이 없는'이란 뜻을 나타냅니다.

* despise (v.) 멸시하다. 업신여기다 / hold one's peace 침묵을 지키다 (holds his peace: 문맥상 '하고 싶은 말이 있어도 섣불리 말을 내지 않는다'는 의미로 이해할 수 있음)

e.g. Chance is a word void of sense; nothing can exist without a cause.
우연은 아무 의미도 없는 단어이다. 원인 없이는 아무것도 존재할 수 없다. (볼테르)

고어 이해하기 despiseth: despises / holdeth: holds

쉬운 문장으로 익히기
He that is void of wisdom(지혜가 없는 자는) despises his neighbor(자기 이웃을 멸시한다), but a man of understanding(하지만 명철한 자는) holds his peace(잠잠하다).

• 쓰기

He that is void of wisdom

despises his neighbor.

but a man of understanding

holds his peace.

• 새기기

He that despiseth his neighbour sinneth: but he that hath mercy on the poor, happy is he.

자기 이웃을 멸시하는 자는 죄를 짓되
가난한 자에게 긍휼을 베푸는 자는 행복하니라.

Proverbs 14:21

despise 경멸하다

despise는 de(아래) + spic(보다) + se(동사)로 이루어진 단어로 '아래로 내려다보다'라는 기본 의미를 갖고 있어요. 본 문장 맥락에서는 '자기 이웃을 업신(멸시)여기는 자는 죄를 범하는 자이며, 빈곤한 자를 불쌍히 여기는(자비를 베푸는) 자는 복이 있다'는 의미로 이해할 수 있어요.

* mercy (n.) 자비, 긍휼, 측은지심

e.g. I know you despise me; allow me to say, it is because you don't understand me.

당신이 나를 경멸한다는 것을 알고 있지만 그건 당신이 나를 이해하지 못하기 때문이에요. (엘리자베스 가스켈)

고어 이해하기 despiseth: despises / sinneth: sins / hath: has

쉬운 문장으로 익히기

He that despises his neighbor(자기 이웃을 멸시하는 자는) sins(죄를 짓는다), but he that has mercy(하지만 긍휼을 베푸는 자는) on the poor(가난한 자에게), happy is he(행복하다).

• 쓰기

He that despises his neighbor

sins,

but he that has mercy

on the poor.

happy is he.

• 새기기

41

A man that flattereth his neighbour spreadeth a net for his feet.

자기 이웃에게 아첨하는 자는
자기 발에 그물을 치느니라.

Proverbs 29:5

flatter 아첨하다, 알랑거리다

문맥상 a man that flatters his neighbour는 '귀에 듣기 좋은 말들로 속이고 거짓말을 하는 아첨하는 자'
로 이해할 수 있어요. 참고로 'I'm flattered.' 라고 수동태로 말할 경우 '과찬이십니다.' 라는 의미이며 뒤에
but을 붙여 'I'm flattered but ~'과 같이 말하면 '마음/말은 고맙지만'과 같이 정중히 거절하겠다는 의미가
됩니다.

e.g. He that loves to be flattered is worthy o' the flatterer.

아첨을 좋아하는 사람은 아첨하는 사람에게 합당하다. (아테네의 타이먼, 윌리엄 셰익스피어)

고어 이해하기 flattereth: flatters / spreadeth: spreads

쉬운 문장으로 익히기

A man that flatters his neighbor(자기 이웃에게 아첨하는 자는) spreads a net for his feet(자기 발
에 그물을 친다).

• 쓰기

A man that flatters his neighbor
spreads a net for his feet.

• 새기기

If thine enemy be hungry, give him bread to eat; and if he be thirsty, give him water to drink.

네 원수가 주리거든 그에게 빵을 주어 먹게 하고
그가 목마르거든 그에게 물을 주어 마시게 하라.

Proverbs 25:21

to + 동사원형 (to부정사) ~할

명사적, 형용사적, 부사적 용법으로 모두 사용될 수 있는 **to 부정사**는 본 문장에서 명사를 수식하는 형용사적 용법으로 사용되었습니다(**명사 + to do**: ~할 명사). 본 문장에서 give him bread/water to drink(그에게 마실 빵/물을 주어라)는 '그에게 빵/물을 주어 먹게 하다'로 자연스럽게 해석되었어요.

e.g. The object of Art is to give life a shape.
예술의 목적은 삶에 형태를 부여하는 것이다. (한여름 밤의 꿈, 윌리엄 셰익스피어)

고어 이해하기 thine: your

쉬운 문장으로 익히기

If your enemy is hungry(네 원수가 배고파하면), give him bread to eat(그에게 빵을 주어 먹게 하라), and if he is thirsty(그리고 그가 목말라하면), give him water to drink(그에게 물을 주어 마시게 하라).

• 쓰기

If your enemy is hungry,
give him bread to eat.
and if he is thirsty,
give him water to drink.

• 새기기

1. (   ) from them to whom it is due, when it is in the power of your hand to do it.

네 손 안에 선을 베풀 힘이 있거든 마땅히 그것을 받을 자들에게 선 베풀기를 금하지 말며.

2. (   ) against your neighbor, seeing he dwells securely by you.

네 이웃이 네 곁에서 안전히 거하는 것을 보거든 그를 해하려고 악을 꾀하지 말라.

3. (   ), but love covers all sins.

미움은 다툼들을 일으키되 사랑은 모든 죄를 덮느니라.

4. He that (   ) despises his neighbor, but a man of understanding holds his peace.

지혜가 없는 자는 자기 이웃을 멸시하나 명철한 자는 잠잠하느니라.

5. He that (   ) sins, but he that has mercy

on the poor, happy is he.

자기 이웃을 멸시하는 자는 죄를 짓되 가난한 자에게 긍휼을 베푸는 자는 행복하니라.

6. A man that (   ) spreads a net for his feet.

자기 이웃에게 아첨하는 자는 자기 발에 그물을 치느니라.

7. If your enemy is hungry, (   ), and if he is

thirsty, (   ).

네 원수가 주리거든 그에게 빵을 주어 먹게 하고 그가 목마르거든 그에게 물을 주어 마시게 하라.

Write on Your Heart

7

겸손함

When the pride cometh, then cometh shame: but with the lowly is wisdom.

43

When the pride cometh, then cometh shame: but with the lowly is wisdom.

교만이 오면 수치도 오거니와
겸손한 자에게는 지혜가 있느니라.

Proverbs 11:2

lowly 겸손한

lowly는 humble의 유의어로 예의상 자신을 낮추는 '겸허한'이라는 긍정적인 뜻이 있는 반면 '낮은, 하찮은, 초라한'이라는 부정적인 뜻으로도 자주 쓰입니다. 본 문장에서는 **the + 형용사**의 형태로 쓰였으며, 문맥상 '교만한 자는(잘난체 하다가는) 창피를 당하게 되는 법이며 <u>겸손한 자</u>는 지혜가 있다'는 의미로 이해할 수 있어요.

e.g. The flower that smells the sweetest is shy and lowly.

가장 달콤한 향을 풍기는 꽃은 수줍고 겸손하다. (윌리엄 워즈워스)

고어 이해하기 cometh: comes

쉬운 문장으로 익히기

When the pride comes(교만이 오면), then comes shame(수치도 온다), but with the lowly(하지만 겸손한 자에게는) is wisdom(지혜가 있다).

• 쓰기

When the pride comes,

then comes shame,

but with the lowly

is wisdom.

• 새기기

Let another man praise thee, and not thine own mouth; a stranger, and not thine own lips.

다른 사람이 너를 칭찬하게 하고 네 입으로는 하지 말며
낯선 자가 너를 칭찬하게 하고 네 입술로는 하지 말지니라.

Proverbs 27:2

praise 칭찬하다, 칭송하다

일반적인 칭찬의 느낌보다는 '신에 대한 찬송/찬미'의 의미가 더 강하며 명사형과 동사형 모두 동일한 형태인 praise로 씁니다.

e.g. The media praised the actor's decision to adopt the abandoned baby.
대중 매체는 버려진 아기를 입양하기로 결정한 배우의 결정을 칭찬했다.

고어 이해하기 thee: you(목적격) / thine: your

쉬운 문장으로 익히기

Let another man praise you(다른 사람이 너를 칭찬하게 하고), and not your own mouth(네 입으로는 하지 말아라), a stranger(낯선 자가 하게 하고), and not your own lips(네 입술로는 하지 말아라).

• 쓰기

Let another man praise you.

and not your own mouth.

a stranger.

and not your own lips.

• 새기기

A man's pride shall bring him low: but honour shall uphold the humble in spirit.

사람의 교만은 그를 낮추려니와
명예는 영이 겸손한 자를 들어 올리리라.

Proverbs 29:23

uphold 지키다, 옹호하다

uphold는 up(위로) + hold(잡고/받치고 있다)로 결합된 단어로 '(떠받쳐/떨어지지 않게) 위로 들고 있다 → (떠)받치다, 지지(옹호)하다'라는 의미를 나타냅니다.

* hono(u)r (n.) 명예, 영광, 존경 / the humble 겸손한 자(들)

e.g. If this were the time or the place to uphold a paradox, I am half inclined to state that Norfolk is one of the most beautiful of counties.

지금이 역설을 지지할 때와 장소라면 나는 노퍽이 가장 아름다운 지역 중 하나라고 말하고 싶다. (버지니아 울프)

문장 익히기

A man's pride(사람의 교만은) shall bring him low(그를 낮춘다), but honor shall uphold(하지만 명예는 들어올린다) the humble in spirit(영이 겸손한 자를).

• 쓰기

A man's pride

shall bring him low,

but honor shall uphold

the humble in spirit.

• 새기기

46

Pride goeth before destruction, and an haughty spirit before a fall.

멸망에 앞서 교만이 나가며
넘어짐에 앞서 거만한 영이 있느니라.

Proverbs 16:18

fall 넘어짐, 쓰러짐 (넘어지다, 쓰러지다)

fall이 동사로 쓰일 땐 '떨어지다'라는 기본적인 의미를 비롯해 '내리다, 빠지다' 등과 같은 파생된 의미로도 쓰여요. 참고로 미국에서는 '낙엽이 떨어지는 계절'이라는 의미로 가을을 fall로 일컫는 반면 영국에서는 autumn(라틴어 밖의 외래어에서 출발한 것으로 추정)으로 일컫습니다.

＊ 본 문장은 '교만하면 멸망이 따르고, 거만하면 넘어진다'라는 의미로 이해할 수 있음 / haughty (adj.) 거만한, 오만한

e.g. She was injured in a fall from a horse.
　　그녀는 말에서 떨어져 부상을 당했다.

고어 이해하기 goeth: goes

쉬운 문장으로 익히기

Pride goes(교만이 나간다), before destruction(멸망에 앞서), and a haughty spirit(거만한 영이 있다) before a fall(넘어짐에 앞서).

• 쓰기

Pride goes

before destruction,

and a haughty spirit

before a fall.

• 새기기

47

Before destruction the heart of man is haughty, and before honour is humility.

멸망에 앞서 사람의 마음의 거만이 있고
명예에 앞서 겸손이 있느니라.

Proverbs 18:12

haughty 거만한, 오만한

동일한 뜻을 지니고 있는 단어로는 **arrogant**와 **proud** 등이 있는데, 이들은 '열등한 사람을 경멸하는' 태도를 지닌 반면에 **haughty**는 '우월한 출생이나 지위에 대해 의식하는' 태도를 나타내요.

e.g. Never be haughty to the humble, never be humble to the haughty.

겸손한 자에게 결코 거만하지 말고 거만한 자에게 겸손하지 말라. (마크 트웨인)

문장 익히기

Before destruction(멸망에 앞서) the heart of man is haughty(사람의 마음에 거만이 있다), and before honor(그리고 명예에 앞서) is humility(겸손이 있다).

• 쓰기

Before destruction

the heart of man is haughty.

and before honor

is humility.

• 새기기

48

An high look, and a proud heart, and the plowing of the wicked, is sin.

거만한 눈빛과 교만한 마음과
사악한 자의 쟁기질은 죄니라.

Proverbs 21:4

plow 쟁기로 갈다

plow에 -ing가 붙어 동명사(plowing 쟁기질)로 쓰였어요. plow는 plough로 표기하기도 하며, 명사형으로 쓰일 땐 '논밭을 가는 농기구인 쟁기'를 뜻합니다. 문맥상 the plowing of the wicked는 '못된 짓을 일삼는 자가 벌이는 일'이라는 의미로 이해할 수 있어요.

e.g. For what avail the plough or sail, or land or life, if freedom fail?
자유가 실패한다면 쟁기질이나 돛이나 땅이나 생명이 무슨 소용이 있겠는가? (랄프 왈도 에머슨)

문장 익히기

A high look(거만한 눈빛과), and a proud heart(교만한 마음과), and the plowing of the wicked(사악한 자의 쟁기질은) is sin(죄이다).

• 쓰기

A high look,

and a proud heart,

and the plowing of the wicked

is sin.

• 새기기

49

Boast not thyself of tomorrow; for thou knowest not what a day may bring forth.

너는 내일을 자랑하지 말라.
하루 동안에 무슨 일이 일어날지 네가 알지 못하느니라.

Proverbs 27:1

bring forth ~을 낳다, 생산하다, 일으키다

forth는 out from 또는 out of 의미를 지니고 있으며, come forth(제시하다, 내놓다), go forth(나가다, 출발하다), send forth(파견하다, 보내다)와 같은 표현으로 활용됩니다.

* boast (v.) 뽐내다, 자랑하다

e.g. The brand brought forth a new line of perfume.
그 브랜드는 새로운 향수 라인을 선보였다.

고어 이해하기 thyself: yourself / thou: you(주격) / knowest: know

쉬운 문장으로 익히기

Do not boast yourself(너는 자랑하지 말아라) of tomorrow(내일 일을), for you do not know(왜냐하면 너는 알지 못한다) what a day may bring forth(하루 동안에 무슨 일이 일어날지).

• 쓰기

Do not boast yourself
of tomorrow,
for you do not know
what a day may bring forth.

• 새기기

• 되새기기

1. When the pride comes, then comes shame, but (   )

is wisdom.

교만이 오면 수치도 오거니와 겸손한 자에게는 지혜가 있느니라.

2. (   ), and not your own mouth,

a stranger, and not your own lips.

다른 사람이 너를 칭찬하게 하고 네 입으로는 하지 말며 낯선 자가 너를 칭찬하게 하고 네 입술로는

하지 말지니라.

3. A man's pride shall bring him low, but honor shall (   ).

사람의 교만은 그를 낮추려니와 명예는 영이 겸손한 자를 들어 올리리라.

4. Pride goes before destruction, and a haughty spirit (   ).

멸망에 앞서 교만이 나가며 넘어짐에 앞서 거만한 영이 있느니라.

5. Before destruction (   ),

and before honor is humility.

멸망에 앞서 사람의 마음의 거만이 있고 명예에 앞서 겸손이 있느니라.

6. A high look, and a proud heart, and (   )

is sin.

거만한 눈빛과 교만한 마음과 사악한 자의 쟁기질은 죄니라.

7. Do not boast yourself of tomorrow, for you do not know

(   ).

너는 내일을 자랑하지 말라. 하루 동안에 무슨 일이 일어날지 네가 알지 못하느니라.

8

친구 사귐,
베풀기

A friend loveth at all times, and a brother is born for adversity.

50

A friend loveth at all times, and a brother is born for adversity.

친구는 언제나 사랑하며
형제는 어려운 때를 위하여 태어났느니라.

Proverbs 17:17

adversity 역경

문맥상 for adversity는 '역경까지 함께하기 위하여(고난을 함께 나누도록)'라는 의미로 이해할 수 있어요.
참고로 형용사, 부사 형태는 각각 adverse(부정적인, 불리한), adversely(불리하게, 반대로)입니다.

* a friend loves at all times: 문맥상 '친구는 언제 어떤 상황에서도 우정을 저버리지 않고 함께 한다(사랑한다)'는
  '참된 우정'에 대한 의미로 이해할 수 있음

e.g. Let me embrace thee, sour adversity, for wise men say it is the wisest course.
나로 하여금 현인들이 가장 지혜로운 길이라고 말하는 신랄한 역경을 받아들이게 하라.

(헨리 6세, 윌리엄 셰익스피어)

고어 이해하기 loveth: loves

쉬운 문장으로 익히기

A friend loves(친구는 사랑한다) at all times(언제나), and a brother is born(그리고 형제는 태어났다)
for adversity(어려운 때를 위하여).

• 쓰기

A friend loves

at all times,

and a brother is born

for adversity.

• 새기기

51

Enter not into the path of the wicked, and go not in the way of evil men.

사악한 자들의 행로로 들어가지 말고
악한 자들의 길로 다니지 말지어다.

Proverbs 4:14

wicked 사악한

뮤지컬 〈위키드〉로 잘 알려진 형용사이며 **the + 형용사**의 형태로 쓰였습니다. 참고로 wicked가 일상 대화에서 슬랭으로 쓰일 때 '뛰어난, 훌륭한' 이라는 뜻의 감탄사로 사용되거나(This song's <u>wicked</u>! 이 노래 끝내준다!), 단어 앞에 붙여서 '매우, 아주'라는 뜻으로 강조하는 의미를 나타냅니다(a <u>wicked</u> sad story 참 슬픈 이야기).

* 본 문장은 '악인이 가는 곳에 가지 말고, 그들의 행동을 본받지 말라'는 의미로 이해할 수 있음

e.g. A wicked conscience mouldeth goblins swift as frenzy thoughts.
사악한 양심은 광란의 생각처럼 재빠르게 마귀를 만들어낸다. (트로일러스와 크레시다, 윌리엄 셰익스피어)

문장 악히기

Do not enter(들어가지 말아라) into the path of the wicked(사악한 자의 행로로), and do not go(그리고 다니지 말아라) in the way of evil men(악한 자들의 길로).

• 쓰기

Do not enter

into the path of the wicked.

and do not go

in the way of evil men.

• 새기기

He that walketh with wise men shall be wise: but a companion of fools shall be destroyed.

지혜로운 자들과 함께 걷는 자는 지혜로우려니와
어리석은 자들과 사귀는 자는 멸망을 당하리라.

Proverbs 13:20

companion 동반자, 친구, 동료

라틴어로 com은 '함께'를 뜻하고 pānis는 '빵'을 뜻하므로 companion은 '빵을 함께 먹는 사람들'이란 어원적 의미를 담고 있어요.

* destroy (v.) 파괴하다, 멸망시키다 (shall be destroyed: 문맥상 '어리석은 자들과 사귀면 <u>해를 입는다</u>'는 의미로 이해할 수 있음)

e.g. I would not wish any companion in the world but you.

　　나는 이 세상에서 당신 외에 어떤 동반자도 원하지 않는다. (템페스트, 윌리엄 셰익스피어)

고어 이해하기 walketh: walks

쉬운 문장으로 익히기

He that walks with wise men(지혜로운 자들과 함께 걷는 자는) shall be wise(지혜로울 것이다), but a companion of fools(하지만 어리석은 자들과 사귀는 자는) shall be destroyed(멸망을 당할 것이다).

• **쓰기**

He that walks with wise men

shall be wise,

but a companion of fools

shall be destroyed.

• **새기기**

143

53

My son, if sinners entice thee, consent thou not.

내 아들아, 죄인들이 너를 꾈지라도
너는 동의하지 말라.

Proverbs 1:10

consent 동의하다, 허락하다

consent는 발음기호 [kən'sent]처럼 두 번째 음절에 강세를 주어 발음합니다. 참고로 '전기 콘센트'를 지칭하는 올바른 영어 표현은 outlet 또는 socket이니 consent와 혼동하지 않도록 유의하세요.

* entice (v.) 꾀다. 유인하다

e.g. My sister never married because our father did not consent to her marriage.
여동생은 아버지가 결혼을 허락하지 않았기 때문에 결혼하지 않았다.

고어 이해하기 thee: you(목적격) / thou: you(주격)

쉬운 문장으로 익히기
My son, if sinners entice you(내 아들아, 죄인들이 너를 꾀어도), do not consent(너는 동의하지 말아라).

• 쓰기

My son, if sinners entice you,

do not consent.

• 새기기

The merciful man doeth good to his own soul: but he that is cruel troubleth his own flesh.

긍휼을 베푸는 자는 자기 영혼에게 선을 행하나
잔인한 자는 자기 육체를 괴롭게 하느니라.

Proverbs 11:17

merciful 자비로운, 긍휼이 많은

명사 mercy(자비)에 접미사 ful을 붙여서 '자비가 가득한'이란 뜻의 형용사로 쓰입니다.

* cruel (adj.) 잔인한 / do good to his soul: 문맥상 '자신의 혼에 이롭다'로 이해할 수 있음 / trouble (v.) 괴롭히다.
  애먹이다

e.g. Be kind and merciful. Let no one ever come to you without coming away better and happier.
친절하고 긍휼이 풍성한 사람이 되십시오. 모두가 더 나아지고 더 행복해진 채로 당신을 떠나게 하세요.
(마더 테레사)

고어 이해하기 doeth: does / troubleth: troubles

쉬운 문장으로 익히기

The merciful man(긍휼을 베푸는 자는) does good to his soul(자기 영혼에게 선을 베푼다), but he that is cruel(하지만 잔인한 자는) troubles his own flesh(자기 육체를 괴롭게 한다).

• 쓰기

The merciful man

does good to his own soul,

but he that is cruel

troubles his own flesh.

• 새기기

There is that scattereth, and yet increaseth; and there is that withholdeth more than is meet, but it tendeth to poverty.

흩을지라도 여전히 불어나는 일이 있고
지나치게 아낄지라도 가난에 이르는 일이 있느니라.

Proverbs 11:24

meet 매우 적절한

meet은 동사로서 '만나다. 충족시키다'라는 뜻 외에 형용사로서 '(특정) 상황·필요에 정확하게 알맞은'이라는 뜻을 나타냅니다.

* 본 문장은 '인심이 후하면 더욱 부자가 되지만 인색하게 굴면 오히려 가난해진다'는 비유적인 의미로 이해할 수 있음

e.g. Allocating bonuses based on productivity is a meet solution.
생산성을 기반으로 보너스를 할당하는 건 매우 적절한 해결책이다.

고어 이해하기 scattereth: scatters / increaseth: increases / withholdeth: withholds / tendeth: tends

쉬운 문장으로 익히기

There is that scatters(흩을지라도), and yet increases(여전히 불어나는 일이 있다), and there is that withholds(그리고 아껴도) more than is meet(지나치게), but it tends to poverty(가난에 이르는 일이 있다).

• 쓰기

There is that scatters,

and yet increases,

and there is that withholds

more than is meet,

but it tends to poverty.

• 새기기

He that hath a bountiful eye shall be blessed; for he giveth of his bread to the poor.

관대한 눈을 가진 자는 복을 받으리니
이는 그가 자기 빵을 가난한 자에게 주기 때문이니라.

Proverbs 22:9

bountiful 많은, 너그러운, 풍부한

bounty(너그러움)와 ful(가득한)이 결합한 단어로 많이 '양보하고 내어준다'는 의미를 내포하고 있습니다.
문맥상 a bountiful eye는 '남에게 주기를 아까워하지 않는 선한 마음과 태도'로 비유해서 이해할 수 있어요.
참고로 bounty는 좋은 의도로 주는 돈이라는 의미로 '장려금. 포상금'이라는 뜻으로도 쓰입니다.

e.g. ...By accident most strange, bountiful Fortune, Now my dear lady, hath mine enemies Brought to this shore...

나의 사랑하는 여인이여, 우연히도 가장 낯설고 풍요로운 운명이 내 적을 이 해안으로 데려왔소.

(템페스트, 윌리엄 셰익스피어)

고어 이해하기 hath: has / giveth: gives

쉬운 문장으로 익히기

He that has a bountiful eye(관대한 눈을 가진 자는) shall be blessed(복을 받을 것이다), for he gives of his bread(왜냐하면 그가 자기 빵을 주기 때문에) to the poor(가난한 자에게).

• 쓰기

He that has a bountiful eye

shall be blessed.

for he gives of his bread

to the poor.

• 새기기

• 되새기기

1. A friend loves at all times, and a brother (   ).

친구는 언제나 사랑하며 형제는 어려운 때를 위하여 태어났느니라.

2. Do not enter (   ), and do not go

in the way of evil men.

사악한 자들의 행로로 들어가지 말고 악한 자들의 길로 다니지 말지어다.

3. He that walks with wise men shall be wise, but (   )

shall be destroyed.

지혜로운 자들과 함께 걷는 자는 지혜로우려니와 어리석은 자들과 사귀는 자는 멸망을 당하리라.

4. My son, if sinners entice you, (   ).

내 아들아, 죄인들이 너를 꾈지라도 너는 동의하지 말라.

5. (   ) does good to his own soul, but he that

is cruel troubles his own flesh.

긍휼을 베푸는 자는 자기 혼에게 선을 행하나 잔인한 자는 자기 육체를 괴롭게 하느니라.

6. There is that scatters, and yet increases, and there is that

(   ), but it tends to poverty.

흩을지라도 여전히 불어나는 일이 있고 지나치게 아낄지라도 가난에 이르는 일이 있느니라.

7. He that (   ) shall be blessed, for he gives

of his bread to the poor.

관대한 눈을 가진 자는 복을 받으리니 이는 그가 자기 빵을 가난한 자에게 주기 때문이니라.

9

자녀 교육

My son, hear the instruction of thy father, and forsake not the law of thy mother.

57

My son, hear the instruction of thy father, and forsake not the law of thy mother.

내 아들아, 네 아버지의 훈계를 들으며
네 어머니의 법을 버리지 말라.

Proverbs 1:8

forsake (책임져야 할 대상을) 버리다, (즐겨 하던 것을) 그만두다

forsake는 for(멀리: 이전에 원했던 것을 더 이상 구하지 않고 거리를 두다)와 sake(목표. 위함. 누군가의 이득)가 결합한 단어입니다. 오랫동안 추구해오던 무언가로부터 멀어진다는 의미로 즉, '미련 없이 떠난다'는 어원적 의미를 내포하고 있어요.

e.g. People can have many different kinds of pleasure. The real one is that for which they will forsake the others.
사람들은 다양한 종류의 즐거움을 누릴 수 있는데 그것을 위해 타인을 저버린다면 그게 진짜 즐거움이다.
(마르셀 프루스트)

고어 이해하기 thy: your

쉬운 문장으로 익히기
My son, hear(내 아들아 들어라) the instruction of your father(네 아버지의 훈계를), and do not forsake(버리지 말아라) the law of your mother(네 어머니의 법을).

• **쓰기**

My son, hear
the instruction of your father,
and do not forsake
the law of your mother.

• **새기기**

58

A wise son maketh a glad father: but a foolish son is the heaviness of his mother.

지혜로운 아들은 아버지를 즐겁게 하거니와
어리석은 아들은 자기 어머니의 근심거리니라.

Proverbs 10:1

foolish 어리석은, 바보 같은

애플의 창립자 스티브 잡스의 `Stay hungry. Stay foolish.`라는 유명한 명언에 사용된 **foolish**에는 `더 갈 망하라, 겸손하라, 잘 버텨라`와 같이 다양한 해석이 있지만 본래 의미는 `부족한 상태로 항상 배워라`는 의도를 담고 있어요.

* heaviness (n.) 무거움, (정신적인) 중압감, 괴로움

e.g. I was young and foolish then; now I am old and foolisher.

그때 나는 어리고 어리석었다. 이제 나는 늙고 더 어리석다. (마크 트웨인)

고어 이해하기 maketh: makes

쉬운 문장으로 익히기

A wise son(지혜로운 아들은) makes a glad father(아버지를 즐겁게 한다), but a foolish son(하지만 어리석은 아들은) is the heaviness of his mother(자기 어머니의 근심거리이다).

• 쓰기

A wise son

makes a glad father,

but a foolish son

is the heaviness of his mother.

• 새기기

A fool despiseth his father's instruction: but he that regardeth reproof is prudent.

어리석은 자는 자기 아버지의 훈계를 멸시하거니와
책망을 중히 여기는 자는 분별이 있느니라.

Proverbs 15:5

regard 중요하게 여기다

regard는 일반적으로 '간주하다, 여기다'라는 뜻으로 알려져 있지만, 단순히 그렇다고 생각하여 간주하기보단 관심을 가지고 무언가를 '주목하다, 눈여겨보다'라는 의미를 내포합니다.

e.g. I regard golf as an expensive way of playing marbles.
나는 골프를 구슬을 치는 값비싼 방법으로 여긴다. (G. K. 체스터턴)

고어 이해하기 despiseth: despises

쉬운 문장으로 익히기

A fool despises(어리석은 자는 멸시한다) his father's instruction(자기 아버지의 훈계를), but he that regards reproof(하지만 책망을 중히 여기는 자는) is prudent(분별이 있다).

• 쓰기

A fool despises

his father's instruction.

but he that regards reproof

is prudent.

• 새기기

He that spareth his rod hateth his son: but he that loveth him chasteneth him betimes.

회초리를 아끼는 자는 자기 아들을 미워하거니와
그를 사랑하는 자는 어릴 때에 그를 징계하느니라.

Proverbs 13:24

chasten 잘못을 깨닫게 하다, 훈계하다

chasten은 바로잡기 위해 벌하거나 고난 속에서 단련시켜 잘못을 깨닫게 하고 올바른 길로 인도한다는 의미를 내포합니다. 형용사, 부사의 형태로는 각각 **chaste**(순결한, 정숙한), **chastely**(깨끗하게, 순수하게)와 같이 쓰입니다.

* spare (v.) (불쾌한 일을) 모면하게(겪지 않아도 되게) 하다 / betimes (adv.) 늦기 전에, 일찍

e.g. The judge chastened the repeat offender with a harsh sentence.
법정에서 판사는 재범자에게 가혹한 형벌을 내려 잘못을 깨닫게 했다.

고어 이해하기 spareth: spares / hateth: hates / loveth: loves / chasteneth: chastens

쉬운 문장으로 익히기

He that spares his rod(회초리를 아끼는 자는) hates his son(자기 아들을 미워한다), but he that loves him(하지만 그를 사랑하는 자는) chastens him betimes(어릴 때에 그를 징계한다).

• 쓰기

He that spares his rod

hates his son,

but he that loves him

chastens him betimes.

• 새기기

Train up a child in the way he should go: and when he is old, he will not depart from it.

아이가 마땅히 가야 할 길로 아이를 훈련시키라.
그리하면 그가 늙어서도 그 길을 떠나지 아니하리라.

Proverbs 22:6

depart 떠나다, 그만두다

depart는 공항에서 많이 보이는 **departure**(출국) 표지판으로 인해 '(여행을) 떠나다'라는 뜻으로 많이 알려져 있지만, 이외에 '(직장, 평소에 하던 일을) 그만두다'라는 뜻으로도 쓰입니다.

e.g. When you depart from me sorrow abides and happiness takes his leave.

당신이 나를 떠나면 슬픔이 머물고 행복은 떠나갑니다. (헛소동, 윌리엄 셰익스피어)

문장 익히기

Train up a child(아이를 훈련시키라) in the way he should go(그가 마땅히 가야 할 길로), and when he is old(그러면 그가 늙어서도) he will not depart from it(그 길을 떠나지 않을 것이다).

• **쓰기**

Train up a child

in the way he should go,

and when he is old,

he will not depart from it.

• **새기기**

62

He that is surety for a stranger shall smart for it: and he that hateth suretyship is sure.

낯선 자를 위해 보증인이 되는 자는
그 일로 인하여 괴로워할 것이로되
보증을 서기 싫어하는 자는 안전하니라.

Proverbs 11:15

smart for ~때문에 괴로움을 당하다

smart는 '영리한, 깔끔한'등의 긍정적인 의미로 흔히 사용되지만, 어원을 살펴보면 독일어 smeortan(고통스럽게 하다)으로 변형돼 현재의 smart가 되었다고 합니다.

* surety (n.) (채무 등의) 보증인 / suretyship (n.) 보증 계약 (관계)

e.g. They would have to smart for this foolishness.

그들은 이 어리석음 때문에 단단히 혼날 것이다.

고어 이해하기 hateth: hates

쉬운 문장으로 익히기

He that is surety for a stranger(낯선 자를 위해 보증이 되는 자는) shall smart for it(그 일로 인해 괴로워할 것이다), and he that hates suretyship(그리고 보증을 싫어하는 자는) is sure(안전하다).

• 쓰기

He that is surety for a stranger

shall smart for it,

and he that hates suretyship

is sure.

• 새기기

Better is dinner of herbs where love is, than a stalled ox and hatred therewith.

채소를 먹으면서도 사랑이 있는 것이 살진 소를 먹으며
그것과 함께 미워하는 것보다 나으니라.

Proverbs 15:17

therewith ~와 함께

흔히 쓰이는 with 와는 달리 therewith는 주로 '(앞에 언급된) 그것과 함께, 그 안에서'라는 의미로 사용됩니다. 본 문장의 맥락에서는 therewith를 별도로 해석하지 않고 '채소를 먹어도 서로 사랑하는 것이 살진 소를 먹으면서 서로 미워하는 것보다 낫다'라고 자연스럽게 해석할 수 있어요.

* ox (n.) (모든 종류의) 소

e.g. He who touches pitch shall be defiled therewith.
먹을 가까이 하면 검어진다. (속담)

문장 익히기

Better is dinner of herbs(채소를 먹는 저녁 식탁이 더 낫다) where love is(사랑이 있는), than a stalled ox(살진 소를 먹으며) and hatred therewith(그것과 함께 미워하는 것보다).

• 쓰기

Better is dinner of herbs

where love is.

than a stalled ox

and hatred therewith.

• 새기기

169

• 되새기기

1. My son, hear the instruction of your father, and (   ) the law of your mother.

내 아들아, 네 아버지의 훈계를 들으며 네 어머니의 법을 버리지 말라.

2. A wise son makes a glad father, but (   ) is the heaviness of his mother.

지혜로운 아들은 아버지를 즐겁게 하거니와 어리석은 아들은 자기 어머니의 근심거리니라.

3. A fool despises his father's instruction, but he that (   ) is prudent.

어리석은 자는 자기 아버지의 훈계를 멸시하거니와 책망을 중히 여기는 자는 분별이 있느니라.

4. He that spares his rod hates his son, but he that loves him (   ).

회초리를 아끼는 자는 자기 아들을 미워하거니와 그를 사랑하는 자는 어릴 때에 그를 징계하느니라.

5. Train up a child in the way he should go, and when he is old, he will

not (   ) it.

아이가 마땅히 가야 할 길로 아이를 훈련시키라. 그리하면 그가 늙어서도 그 길을 떠나지 아니하리라.

6. He that is surety for a stranger shall (   ) it, and he

that hates suretyship is sure.

낯선 자를 위해 보증인이 되는 자는 그 일로 인하여 괴로워할 것이로되 보증을 서기 싫어하는 자는

안전하니라.

7. Better is dinner of herbs where love is, than a stalled ox and

(   ).

채소를 먹으면서도 사랑이 있는 것이 살진 소를 먹으며 그것과 함께 미워하는 것보다 나으니라.

10

마음 다스리기

He that is slow to wrath is of great understanding: but he
that is hasty of spirit exalteth folly.

64

He that is slow to wrath is of great understanding: but he that is hasty of spirit exalteth folly.

진노하기를 더디하는 자는 큰 명철이 있으나
영이 조급한 자는 어리석음을 높이느니라.

Proverbs 14:29

exalt (때로는 자격이 없는 사람을) 격상시키다, 칭송하다

exalt는 ex(밖으로)와 alt(높은)가 결합한 단어로 '모두가 볼 수 있게 밖에서도 높이 치켜세우며 크게 칭찬한다'는 의미를 내포하고 있어요.

* hasty (adj.) 성급한. 경솔한 (he that is hasty of spirit exalts folly: 문맥상 '마음이 조급한 자는 자는 어리석음을 나타낸다'로 이해할 수 있음)

e.g. This is life! It can harden and it can exalt!

　　이것이 인생이다! 단단하게도 하고 높이기도 하는! (헨릭 입센)

고어 이해하기 exalteth: exalts

쉬운 문장으로 익히기

He that is slow to wrath(진노하기를 더디하는 자는) is of great understanding(큰 명철이 있다), but he that is hasty of spirit(하지만 영이 조급한 자는) exalts folly(어리석음을 높인다).

• 쓰기

He that is slow to wrath

is of great understanding,

but he that is hasty of spirit

exalts folly.

• 새기기

A wrathful man stirreth up strife: but he that is slow to anger appeaseth strife.

몹시 노하는 자는 다툼을 일으켜도
분노하기를 더디하는 자는 다툼을 그치게 하느니라.

Proverbs 15:18

appease 달래다, 풀어 주다

appease는 화와 같이 '흥분한 감정을 풀어 주거나 누그러뜨리다'는 의미 외에도 '배고픔, 갈증, 호기심 등을 달래거나 풀어주다'는 의미를 가지고 있습니다. 특히, '요구 등을 들어 주어서 달래다'라는 의미가 강해요.

* strife (n.) 갈등, 불화, 다툼

e.g. Nice words appease even the enemy.

부드러운 말은 심지어 원수의 마음도 달래준다. (헝가리 속담)

고어 이해하기 stirreth: stirs / appeaseth: appeases

쉬운 문장으로 익히기

A wrathful man(몹시 노하는 자는) stirs up strife(다툼을 일으킨다), but he that is slow to anger(하지만 분노하기를 더디하는 자는) appeases strife(다툼을 그치게 한다).

• **쓰기**

A wrathful man

stirs up strife,

but he that is slow to anger

appeases strife.

• **새기기**

66

Make no friendship with an angry man; and with a furious man thou shalt not go.

너는 노를 품는 자와 사귀지 말며
화를 품는 자와 함께 다니지 말지니.

Proverbs 22:24

furious 몹시 화가 난

furious는 '맹렬한(기세가 몹시 사납고 세차다)'이란 의미를 담고 있어요. 영화 〈분노의 질주〉의 원제인 'The Fast and the Furious'에서는 분노의 상태를 나타내기보다는 '(쇼 등이) 정신없이 빨리 전개되는' 상태를 나타냅니다. furious의 명사형은 fury(분노, 격분)입니다.

e.g. Who can be wise, amazed, temperate and furious, Loyal and neutral, in a moment? No man.

그 누가 한순간에 지혜롭고 놀라며 절제하고 분노하며 충성스럽고 중립적일 수 있겠는가? 그 누구도 없다.

(맥베스, 윌리엄 셰익스피어)

고어 이해하기 thou: you(주격) / shalt: shall

쉬운 문장으로 익히기

Make no friendship(사귀지 말아라) with an angry man(노를 품는 자와), and with a furious man(화를 품는 자와 함께) you shall not go(다니지 말아라).

• **쓰기**

Make no friendship

with an angry man,

and with a furious man

you shall not go.

• **새기기**

67

A sound heart is the life of the flesh: but envy the rottenness of the bones.

건전한 마음은 육체의 생명이나
시기는 뼈를 썩게 하는 것이니라.

Proverbs 14:30

sound (신체·정신이) 건전한, 건강한

sound는 보통 '소리, 소리가 나다, ~처럼 들리다'등과 같이 소리와 관련된 뜻으로 널리 알려져 있지만 형용사로 쓰일 경우 뜻이 바뀝니다. 가장 유명한 표현으로는 '무사히, 탈 없이'라는 뜻의 'safe and sound'가 있습니다.

* 본 문장은 '마음이 평안하면 몸에 생기가 도나 시기하면 뼈를 썩게 할 만큼의 고통이다'라는 의미로도 이해할 수 있음 / the flesh 육체 / envy (n.) 시기, 질투 / rottenness (n.) 썩음, 부패

e.g. My father is a person of sound judgment.
제 아버지는 뚜렷한 판단력을 지닌 분이십니다. (맥베스, 윌리엄 셰익스피어)

문장 익히기

A sound heart(건전한 마음은) is the life of the flesh(육체의 생명이다), but envy(하지만 시기는) the rottenness of the bones(뼈를 썩게 하는 것이다).

• 쓰기

A sound heart

is the life of the flesh,

but envy

the rottenness of the bones.

• 새기기

A merry heart maketh a cheerful countenance: but by sorrow of the heart the spirit is broken.

즐거운 마음은 얼굴을 기쁘게 하나
마음의 슬픔은 영을 상하게 하느니라.

Proverbs 15:13

countenance 얼굴 (표정), 안색

동일하게 '얼굴 (표정)'을 뜻하는 face는 눈, 코, 입이 있는 얼굴의 앞면을 의미하는 반면, countenance는 외모, 특히 얼굴의 특징과 표정을 의미합니다. countenance가 동사로 쓰일 때는 '찬성하다, 지지하다'라는 의미를 나타냅니다.

* 본 문장은 '즐거운 마음은 얼굴을 밝게 하지만 근심하는 마음은 영을 상하게 한다'는 의미로 이해할 수 있음 /
cheerful (adj.) 발랄한, 생기를 주는, (얼굴·표정·분위기 등이) 밝은

e.g. The countenance is more eloquent than the tongue.
얼굴(표정)은 혀보다 감정을 잘 드러낸다. (요하나 라바터)

고어 이해하기 maketh: makes

쉬운 문장으로 익히기

A merry heart(즐거운 마음은) makes a cheerful countenance(얼굴을 기쁘게 한다), but by sorrow of the heart(하지만 마음의 슬픔은) the spirit is broken(영을 상하게 한다).

• 쓰기

A merry heart
makes a cheerful countenance.
but by sorrow of the heart
the spirit is broken.

• 새기기

69

Strive not with a man without cause if he have done thee no harm.

사람이 네게 악을 행하지 아니하였거든
까닭 없이 그와 다투지 말라.

Proverbs 3:30

do harm 해를 입히다, 손해를 끼치다

'백해무익하다'라는 뜻의 do more harm than good이라는 표현이 있으며 harm 대신에 good을 넣으면 '도움이 되다. 유익하다(do good)'라는 의미로 사용할 수 있습니다.

e.g. Thou hast not half that power to do me harm As I have to be hurt.

당신은 나에게 해를 입힐만한 힘의 절반도 가지고 있지 않아요. (오셀로, 윌리엄 셰익스피어)

고어 이해하기 thee: you(목적격)

쉬운 문장으로 익히기

Do not strive with a man(사람과 다투지 말아라) without cause(까닭 없이) if he has done you no harm(만약 그가 네게 악을 행하지 아니했다면).

• 쓰기

Do not strive with a man

without cause

if he has done you no harm.

• 새기기

He that is slow to anger is better than the mighty; and he that ruleth his spirit than he that taketh a city.

분노하기를 더디 하는 자는 용사보다 낫고
자기 영을 다스리는 자는 도시를 취하는 자보다 나으니라.

Proverbs 16:32

mighty 강력한, 힘센

mighty는 물리적인 힘에만 한정되지 않기 때문에 small but mighty처럼 '겉으로 보기에는 작아도 강력하다'라는 뜻으로 쓰일 수 있습니다. 정관사를 붙여 the mighty 와 같이 쓰면 '강력한 사람(들)'을 의미하게 됩니다.

* 본 문장은 '함부로 화를 내지 않는 사람은 용사보다 낫고 자기 마음을 다스리는 사람은 도시를 정복하는 사람보다 낫다'는 의미로 이해할 수 있음

e.g. Mighty things from small beginnings grow.
작은 시작에서 위대한 것이 자라난다. (존 드라이든)

고어 이해하기 ruleth: rules / taketh: takes

쉬운 문장으로 익히기
He that is slow to anger(분노하기를 더디하는 자는) is better than the mighty(용사보다 낫다), and he that rules his spirit(그리고 자기 영을 다스리는 자는) than he that takes a city(도시를 취하는 자보다 낫다).

• 쓰기

He that is slow to anger
is better than the mighty,
and he that rules his spirit
than he that takes a city.

• 새기기

• 되새기기

1. He that is slow to wrath is of great understanding, but he that is hasty of spirit (   ).

진노하기를 더디하는 자는 큰 명철이 있으나 영이 조급한 자는 어리석음을 높이느니라.

2. A wrathful man stirs up strife, but he that is slow to anger

(   ).

몹시 노하는 자는 다툼을 일으켜도 분노하기를 더디하는 자는 다툼을 그치게 하느니라.

3. Make no friendship with an angry man, and (   )

you shall not go.

너는 노를 품는 자와 사귀지 말며 화를 품는 자와 함께 다니지 말지니.

4. (   ) is the life of the flesh, but envy the rottenness

of the bones.

건전한 마음은 육체의 생명이나 시기는 뼈를 썩게 하는 것이니라.

5. A merry heart ( ), but

by sorrow of the heart the spirit is broken.

즐거운 마음은 얼굴을 기쁘게 하나 마음의 슬픔은 영을 상하게 하느니라.

6. Do not strive with a man without cause if he ( ).

사람이 네게 악을 행하지 아니하였거든 까닭 없이 그와 다투지 말라.

7. He that is slow to anger is ( ), and he

that rules his spirit than he that takes a city.

분노하기를 더디 하는 자는 용사보다 낫고 자기 영을 다스리는 자는 도시를 취하는 자보다 나으니라.

Write On Your Heart

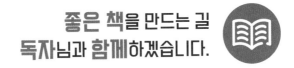

좋은 책을 만드는 길
독자님과 함께하겠습니다.

Write on Your Heart 쓰면서 새기는 영어 지혜의 책장

초 판 발 행	2023년 01월 05일(인쇄 2022년 11월 24일)
발 행 인	박영일
책 임 편 집	이해욱
저　　　자	고정인 · 고지인
기 획 편 집	심영미
표지디자인	김지수
편집디자인	임아람 · 윤준호
발 행 처	시대인
공 급 처	(주)시대고시기획
출 판 등 록	제 10-1521호
주　　　소	서울시 마포구 큰우물로 75 [도화동 538 성지 B/D] 9F
전　　　화	1600-3600
팩　　　스	02-701-8823
홈 페 이 지	www.sdedu.co.kr
I S B N	979-11-383-3798-4(13740)
정　　　가	16,000원

Write On Your Heart

Make Your Own Story

Make Your Own Story